本書係「敦煌文獻系統性保護整理出版工程」項目成果

二〇二一—二〇三五年國家古籍工作規劃重點出版項目

「十四五」國家重點出版物出版規劃項目

國家古籍整理出版專項經費資助項目

中國國家圖書館藏敦煌文獻

中國國家圖書館　編

第二〇冊

BD00260～BD00277

國家圖書館出版社

DUNHUANG MANUSCRIPTS IN THE NATIONAL LIBRARY OF CHINA

020

BD00260 ~ BD00277

compiled by the

National Library of China

National Library of China Publishing House

顧問　方廣錩　郝春文　榮新江　李際寧

編纂出版　張志清　魏　崇　陳紅彥　殷夢霞　薩仁高娃
　　　　　謝冬榮　劉　波　林世田　廖生訓

編纂　林世田　薩仁高娃　常蓋心　于　瑞　劉毅超
　　　劉　波　劉炳梅　周升川　劉　婷　程佳羽
　　　沈艷麗　高　雅

編輯　潘　竹　程魯潔　黄　鑫　苗文葉

審稿　孫　彦　耿素麗　宋志英　鄧咏秋

凡例

一　本書刊布中國國家圖書館藏敦煌文獻，以館藏編號爲序編排。

二　館藏編號采用「BD+流水號」格式，如 BD00001, BD16579 等。背面在編號後加 v 表示。一個編號包含多件文獻者，編號後分别綴以字母 A, B, C 等。一件文獻含有多個内容者，以數字 -1, -2, -3 等標明順序。

三　圖版有縮印或放大處另加説明，尺寸超出本書幅面的以摺葉形式呈現。

四　卷軸裝、梵夾裝、經摺裝等裝幀形制的敦煌文獻，各附外觀圖像。

五　每件文獻依次呈現外觀、正面、背面等。背面僅刊布有文字、圖像或其他要素的圖版，而略去素紙部分，背面圖版同樣以從右到左順序編排。凡有外題者，遵從以上原則。

六　除個别特殊情況外，爲保證閲讀連貫、流暢，圖版儘量通欄呈現。

七　各葉上方附該件文獻全圖，以高亮形式顯示本葉大圖在全卷中的位置。部分長卷文獻全圖衹能分多段呈現時，在上段末以‹符標示下段接續。卷尾内容不足一葉時，文獻全圖使用該圖卷尾部分，亦以‹符標示。背面圖版文字與正面文字方向相反時，文獻全圖按原貌顯示，正文翻轉呈現，以便閲讀研究，用⟲符標示。

八　文獻題名大體沿用中國國家圖書館此前所編多部敦煌文獻目録的考證，部分吸收學界最新研究成果略作調整和完善。文獻題名綜合參考原卷首題、尾題、外題確定，如原卷題名與該文獻正式名稱不同，則采用正式名稱；無題名者，或比定題名，或擬定新名。非漢文文獻在題名前標注語種。有分卷不同等其他情況者，括注於文獻名稱後。

九　本書著録使用通行繁體字，涉及原文中的人名、地名等，必要時保留原字形。

About this publication

1. The documents are presented in shelfmark order.
2. The shelfmarks are in the form BD plus a running number, eg. BD00001, BD16579, &c. If a given shelfmark contains multiple documents, these are distinguished by the letters A, B, C, &c. If a document has multiple contents, they are distinguished by the numbering 1, 2, 3, &c. The verso side of an item is indicated by the letter v.
3. If it has been necessary to reduce or enlarge the size of an illustration, the dimensions are indicated. If the size of an illustration exceeds the size of the book, a folding sheet is used.
4. If the document is a scroll, a folded sutra, or has a stitched binding, a picture of the whole object is provided to show its external appearance.
5. The cover, front, and back of each document are reproduced in sequence. The back of a document is only reproduced if it contains text, illustrations, or other markings, and it is oriented from right to left. If it is blank it is not reproduced.
6. Except in a few special cases, the lines of text are reproduced unbroken to make them coherent and easier to read.
7. An illustration of the complete document is reproduced at the top of each page, and the section where the main illustration appears is highlighted in order to indicate its position. If it has only been possible to reproduce a long scroll in sections, the direction symbol ❮ has been used to indicate where one illustration ends and the next one begins. If the end of the scroll occupies less than one page, the direction symbol ❮ is used to indicate its position in the illustration of the complete document. If the text on the back of the document has a different orientation from the text on the front, it is reproduced as it is, but is also rotated (indicated with the rotation symbol ⦿) so that it can be read easily.
8. The titles of the documents generally conform with those already established by the Library, but in some cases have been amended by drawing on the most recent scholarly research. The titles are derived firstly from the beginning of the text, then from the end of the text, and lastly from the cover. If the title of a document differs from its authoritative form, the authoritative form is used; and if a document has no title, one is either supplied by comparison with similar documents, or a new one is devised. If the document is not in Chinese, its language is indicated before the title. If the number of juan is different from that of the authoritative version, or if there are other irregularities, this is noted.
9. The documents in the book are in traditional Chinese characters. Where the title contains personal or place names, the original characters used for these names are retained.

(Translated by David Helliwell)

第二〇册目録

BD00260 大般涅槃經疏（擬）

BD00260v-1 大乘稻芉經隨聽疏 （唐）法成 集

BD00260v-2 大乘稻芉經隨聽疏 （唐）法成 集

BD00260v-3 大般涅槃經疏補記（擬）

554.5cm × 26.5cm

循道……死河中也
如似河邊……渴□□于瑤浮ㄙ不得度河也是
故道邊此中循涅槃恒河仏性為水諸七種人以水為體用水為體性各
第一第二以不善性為體中間五人以無漏善法為體第七人以常住
真性為體以是義故道言河中也何以前道之名法中住衆生名
前為勤習聖道住人名便也法中以人同喻住衆生名也涅槃河以下
合喻上來列竟自此以下明七人也就凡位中解三人初地以上聖位
中淨住四人凡聖有七人也初一人常沒次名一闡提也第二常沒有淺
在三乘也不在三塗也名樂三有之住前卅心住第三之始從退還並
於解行難得理而明昧諸不住外凡夫可與住稱名住人凡位中並
此三人後四人所以不明者與前是中明同更不須明若示凡位中三人並
不異上何以偏明者是義故能第三住人是故明也菩經中所以但
明後五人不明前二者前二為今經中能示義是故不明後四者來
時近欲作第三住人是以明也勝比丘耶伽長者等列此一段住人
自此已下皆經四五人菩經恒河之以前品中明此中牽來者

少同是故章來一意ナ此中明七人所證法為證涅槃經中人立已所證
法為證如是義同故來下槃經以性空真諦為恒河第於窮達
性空理盡住第七人勝鬘亦住中回之〻回遣亦位常復人後五
人義今經五人須猶回現忍中畢故不退泮住住人為一二无初以上斷
見諦或盡名觀方人第三脩道中六品結名行人第四斷上三品微
結盡名行已復住人第五三界或盡名水陸俱行人目連等是皆
經中仏來至今經都名住人昔五人勝如所義退外凡永為內凡皆
名住人也智不具足亦上來所菩經五人至今經泮為住人道与
性地解行者有由尒高五人中泮為三品始來時都依習種性中
下住亦住第一恒人中亦可住二恒人辟支羅漢亦可住三恒四
恒人也為進行不已後時入性種也智不具足以下二廣明菩經五人
也始明住人正欲明樂三乘人自智不足凡五事若能思惟正義
如法循行得住住人也若不求正善友不於專心聽法恒住第二於
根亦求近善友為聽正義善友觀法人根性瞋癡何亦偏多
〻貪眾生教不淨觀法多癡眾生教因緣觀法多瞋眾生教
作慈悲觀也計我多亦為說陰界等已聞聖說稟行聖教初始

[illegible]

作慈悲觀，四計我多者為說陰界等。已聞聖說，稟行聖教，初始

作數息不淨觀。行不以觀心調利，得五種四念處觀，是以次第獲得

四念處觀行之道，從麁至細。初觀八尺色身皆是不淨，第二觀受

知六受一受陰，三受之心，取其違順苦樂事處。次第二中第三觀

六識之心，知无常幹也。四法意止，想行之中善惡无作，是以第四

觀以一段現在觀中復觀十二因緣，今作三世四意止觀。尒時得

衆生空生，後空應觀五陰，知假无實，入於法空，次得煖法

也。迦葉，一切衆生无不受生，皆為諦也。非不善法，云何言備

道方得？善男子以下答上問。如汝問諦者，乃至闡提无不受生，皆

有四大中大大諦。我言諦今无要由脩道故得幹，是善中善。善男子

如是諦法，欲界无色界有此，云何言一切有欲界之有用之則難道无

用色地心作易。言色地亦雖道色界亦外道，无假上斷下作六行

觀知无我，弟子亦亦具足十六行。知亦迦葉言所言亦為他諦

故名諦，為證性是諦也。故言為自性諦。善男子，此諦當幹是

諦非是他諦，故名諦。善男子以下提因而答。无相行中八聖道是

[illegible]

道迦葉白佛以下作難此煩惱是三有法名是三相可為是有為如
是故有法報得色界五陰證是有法與三有為作因云何與無漏
道作相善男子以下答世間言煩惱於證是法與三有為作因於如
々是々善男子煩惱雖法證是三有法為脩道不以得無漏於
伏除三途報名破有為真能為滑累還於與無漏道作相也善男
子以下與作喻如人乘馬亦筭亦愛煩惱心亦尒不言前後心正壞
一中觀至邊是觀行心來於煩然已相非不即證是相々邊滅
得色中報中得煩成就有七十三種此人都是外道時當伏結
分別聖說次第觀行入於煩惱初一人根利欲界中正使一品作
意伏結不起作一人自餘於々此欲界中分九品斷一品作人斷九盡
作九人名向於一人都并十人色界中有四禪一禪地中亦作九結或斷
九品或名九人上三禪亦然乃至三無色亦然四禪三無色一地中有
九七九六十三欲界有十并為七十三人來入煩惱心如是七十種人得
煩惱已畢竟不退名住人也俱得煩惱已有利有鈍一退善
友二過惡友遇惡友作潛出累沒入道言沒不進故言沒也二過

友二遇惡友遇惡友行滯此墮復入道言復不進故言退也二遇
善友亦已遇善友更進生行踰勝別觀四諦名觀方也正是
第三住人來是第四觀方人也煖心轉勝名頂心如是次第乃至世
世間第一法皆別觀四諦未於三相都名世間皆應言性是五
陰是色地於下眼不道也世第一法人為觀不已轉離三相故言復
第得苦法忍忍性是慧亦何以名法苦忍凡夫下斷結有三種
一名從執不從理餘外道是也二者從執從理二乘人是也三者從
理不從執也菩薩是也菩薩但從理故從理住名名无生法忍
聲聞之人從空苦入空是以道住名名苦法忍此苦法忍无相行中
見四諦平等故言忍性是慧緣於一諦者故異世間心住一之名
其實別緣四諦此心既興便能斷見諦或盡道以初果名觀
方人也迦葉言如普說須陁洹人斷結如卅里水今日經中何以正道斷
三結憶少作非一問也二問須陁洹人何因緣故名為觀方也第三問
何因緣名復比須陁洹名第四問何因緣上文中答錯魚力善男
子以答下第一問我昔曰何以道卅里水昔為利根人多誤是以昔
道卅里水今何以道三結亦道多還住退不備行聞少則行是

向法人觀四常斷見常煩惱名觀方世次上問何因緣名須陀
洹答第三問脩集无漏名須陀洹迦葉言若如是亦斷
陀含乃至佛何故不名須陀洹也善男子從須陀洹上至佛斷
（此）生盡（皆）都是並流都名須陀洹亦得羅漢始證初果得名須陀洹名
在後得名斯陀含三果或盡名羅漢也生死永盡見理周備名
佛衆經不可同名也善男子呼答第四問亦何因緣名鑄象有
云四事欲明須陀洹亦乃法四是故喻像若凡夫時伏結亦喻鑄
像不伏結亦不得喻鑄象迦葉言一向若先得道名須陀洹亦初
得苦法忍時何故不名須陀洹乃名向第二問超越人外道斷煩
惱至无所有處无漏現前斷三界或爾時初證果何故不名須陀洹
方名那含善男子以初果故名須陀洹苦因非果故不名須
陀洹答初問竟下答第二問是人亦那含人也斷上三界或盡
道未知智心中證第三果我以初果名須陀洹那含並第三果故不
得名也迦葉言世尊那含亦八智亦具十六行何故不名須陀洹
上以與解竟由不得善男子以下答亦備十六行及二佛弟子在
時亦住十六行觀外道亦行法門名共弟子為行不已得真无

時忍位十六行觀外道亦行此八名共弟子為行不已得真无
漏与果位回外道但位十六行不得位回名不共也无漏十六行亦二
種回現忍中亦名无漏无相中真无漏故名二回現忍邊生於果故
言一亦回无相行中盡見結正證於果故言二亦得果八智亦二乙
亦回果之是回現忍中二亦得果是无相行中正得亦果故言二
亦得果也捨共十六亦捨无相中八十行得不共亦得果中不共
十六行也八智亦皆阿那含人則不如是亦不如須陀洹捨回以得果
阿那含之前亦二果捨前二果證第三果一也須陀洹緣於回亦節
那含果位一章觀以是義故初果名須陀洹第三果名阿那含行
學以下解行之斷陀含斷上六品或盡證第二果所以喻錯象行
已後住學斷上三後品結盡不還欲界名那含也試那含中地
別不同住多名也初一人利根身在欲界更不逐生即入涅槃名現
般也第二中陰乃至上流乃五後乃六種學加現般前以所何以更
來學正列後五人便同為現般也行般學乃二若受二身得涅槃者
以為利根若受回身學是鈍根人也受三身為中根解出三根
人欲色以下還次第解也欲色界生乃二業一學住業无所煩惱

[illegible]

槃處唯亦作業。正言：道從无漏名作業，无受生處，情猒上

地不起思願受生，名无受生業。是无漏力故，迴初禪業，得中陰

涅槃。那含之亦四種心始終從語一切非學是世俗散心也非學

正是。何緣上界心名學？三處无學是羅漢斷生死盡息舊心名

无學也。四非學非无學處，是羅漢從緣世俗心，云何名中

處。四法四種心都是那含心，亦非處。故言：云何也？善男子，答安四

種中，初二是那含果心，非涅槃；後二是羅漢果中心，是涅槃也。受

身處。此亦二種：一處作業，或於同業生名作業；二處生業，正於

生初禪名生業。受初禪生身，或百年或半劫壽盡，方得名受

身涅槃也。就初禪中分為三人：一、四來受生下，解行般，行行故名行般

法人利也。无行處一生之中不曾行道，要終深猒其苦般涅槃，名无

行般法人鈍也。從初禪乃至四禪皆名上流。若亦人得四禪，己法人

凡夫時曾伏四禪煩惱，得第四禪至今作羅之，不作伏結退四

禪心。在初禪中說亦二：一處道流，斷初禪煩惱名道流；起二禪愛

隨愛受生名煩惱流。是人得四禪中心身在欲界，猶未滅一切槃

[illegible]

隨愛受生老煩惱流是人得四禪中心身在欲界猶未滅一切槃
迮生无色二处槃惠生五淨居天一处備第四禪及五陰意足槃
惠人二处不備五天業是槃迮之人四業白佛下住二日中陰
人差利根何以不在欲地涅槃在中陰中二日欲色及中陰涅槃
无色中所以无中善男子汝問何故不欲界中欲界衆生諸應
得何以不得多病扁衆緣不具不得修道善男子以下答
第二問欲界及色无色无中欲界有五逆四重生人獄心處多是
以欲界有上无此麁重生人獸心處薄是故上界无中陰也
更解欲地大苦生道處強是故欲界有中涅槃色地大樂生
道則微是以上界无中到彼岸者解第七水陸俱行之羅漢是也
羅漢出三界亦名水陸俱行辟支佛出三界也名水陸俱行諸
佛菩薩皆名到彼岸人此四品皆得脩龜也此之一段今昔恒河
中人通然世間河中原龜之名皆不離水皆結五人并以善亦善
法為幹今結七人并以善不善法為幹化雖雖差皆不離佛性水
直言佛性即無是為善不善為方便道解脫道如是十法都是
佛性是名如來隨自意語也若得回即得果以下復明四藏前[illegible]

三世何以果非三世欲使仙行仙果非三世六種仙性果是故失作
无難天下道理死因故死果无因故无涅槃果是常常故无因
耶其因云何名果二門耶了因言了因名依沙門得言沙門
果一切世間死七種果大意正耶遠離果自餘六果一段法相逐
未涅槃從遠離得是得故名常非三世也遠離果者是涅槃
斷煩惱盡獲得涅槃是了因家果因有二種一近二遠近者
是謂七品三解脫門遠者无量劫所修善法果遠因前者无
因无者生因為三解脫門斷結盡真證涅槃唯名因了因此
七品能遠一切煩惱使不生故言生生之因也辯現果義殊也
生因為涅槃而作了因者當體是因緣了涅槃現名了因善
男子答上難也同云何名沙門云世間沙門名息名八聖道能
畢竟息盡名沙門也沙門果者從此八聖道中獲得之果
名沙門果羅漢人之所八聖道獲於此果名沙門果解定
仙人之循此八聖道獲得於果名到彼岸仙之循八聖道獲得
仙果名沙門果也或一人具七從闡提終至於仙相續一人

佛果名沙門果也或一人具七種羅提終至於佛相續一人
故言一人具七七人各一者此七人各置一處名七人各一也佛性雖有
不如虛空佛性雖无不同兔角无故破虛空有故破兔角也
如此解者不謗三寶佛性者不名一法不名十法不名千法如
來未得菩提果時莫問善不善无記盡能成衆生者皆一
相續道始終得佛皆佛性者无記非佛性何以說爲性如來或曰
中說果或果中說因向者善不善一切煩惱非佛性是佛性曰
故說爲性故言曰中說果如來現證果竟指今時康王正是
於今白身也是名果中說因如來所說或曰或果皆是如來隨
自意語也迦葉言自此以下明於異同猶成佛性名初以來其言
佛性猶如虛空此中道三无故破虛空佛性一向異上來不悉言
同其答同此中不悉言異欲使佛性亦同異是故與此一段同佛
性云何如虛空也善男子虛空非无非三世佛性非无乃至亦
如虛空此明同也世間虛空无是法无其異於名虛空佛性絕
於百非非无異於如虛空也迦葉白佛以下釋異上來明同世
尊如名來佛性涅槃非是其常非世三得名爲虛空以

斷此三法[illegible]

槃亦爾煩惱既為之法解是虛妄此虛妄相盡後時

得非虛妄法所謂涅槃非眾生闡提乃至辟支為破如

是非如來相盡真如來解是常我也非佛性亦攝凡石

佛性是大覺對此不覺解無此不覺名為佛性也向下

此三法是虛假故亦定涅槃中三法無如此亦是佛性三法亦對

故得知是有也無非虛空者無非、各非虛妄虛空是實本

來正是一虛空以法無對故知是無也迦葉以四大救義也外

人計四大是實有無非四大本來實有之無對故名有以虛空

無對何意便無也若使涅槃有非三世空之不令名義不然

涅槃是有章句之說乃至彼岸有十三法得知是有虛空區、

有此法無此故知無違取佗意若離十三法外更有一法者此

異於何者十三法更有法攝三世攝世一人言虛空無色無對名

有者應同心數若同心數即是三世也善男子遂取外人義

破外人計虛空不出三世法一者虛空一人計空處有虛空物

中令無也二者實第二人計柱果實中有空、獲中無也三

中含无也二者實第二人計桂果實中有空〻雖復中无也三
有空實第三人計半有半无下各言空是此空正偏海家空中
不偏我物中不偏故知无常何以故實中无空故下句立尒
若空實是海家計空中亡有半空實中有半空〻中半空
不得含遍於空實中實中半空亡不含遍實空中不遍故
知无常何以故〻二處无故為半實〻中无半空〻中无海實故
言二處无故无處既无〻半有中亡无故言二處无也復一解
空中有空〻不遍實〻中實中有空〻不遍空〻中故言二處
无故以言无也復有一外道言計有虛空与有五住第二人言
虛空從中以器識界二皆不然若言并合〻則有三外人計空
是住業〻万物是動〻業〻与空會如鳥集樹也一計一空遍
到十方從來不与物合有一各〻空与物合与物合都空還与
不容物空合二業共合如雨羊相集也計万物未生時以与
虛空性合後時生出古竟事起時復与空合也名以合共合如
二雙指也先破物句合則有二空業是常物業无常空業

物處无空義名不合不應言有合也腱指以下答第三若性
合是常不應事合若性時不合後方事合此本无今有是
无常也空在物在器中果者答第二問答空在物如器中果者
器處可有空无器處无空也當知空是无常若使虛空離空
來住處有物中空亦是有二有相尋何由相住中故知一有一无得
相容也我衆与不世間以下欲明何義上廣明佛性薰勸、
解雖可解身中有性欲得此性要有方方者是何要由脩
道故得世智說有我然說有何故明二諦者若欲脩道畢
須會二諦以此義故明此有无也我終不与共諍者世間智
人是諸佛菩薩智人說有天我然說有天須同也故不与
諍也迦葉言以下將欲作難先問世尊菩薩具足幾法不
与共諍菩薩具足十法故不与世諍也迦葉言何等
有无善男子世間智者說色无常苦无我故有常樂
我淨故无智說出世常樂我淨故有苦无常故无我簡
此有无也迦葉白佛言世尊智者即是菩薩說五陰苦无常

[illegible]故无知[illegible]世[illegible]淨故有苦无常故无[illegible]
此有无也迦葉白仏言世尊智者即是菩薩說五陰皆无常
无我如來何由說仏身常恒无變有无相違云何不淨也善
男子以下荅凡夫无解色從煩惱生故是皆无常如來聆是常
色從智慧生故常樂我淨迦葉言云何凡夫色要從煩惱生所
以无常皆云何如來色不從煩惱生善男子以下荅上同煩惱
有三種欲漏有漏无明漏凡夫不識三漏故色從三漏生所以无
皆无我如來斷三漏色從智慧生故常樂我淨也就此三漏門
中有五段文中句初一明三漏體二明三漏因緣三明漏所得果報四
明輕重五勸人脩道斷除我於中以下明生漏因緣皆智者觀
漏體不觀其因衆不斷漏若欲斷漏先識其因絕因望果
若棄斷寸
脩治
若人知煩惱因說輕重者第一將勸人脩道故舉來也若人知
煩惱因說輕重第二脩道斷除色不從三漏生故常樂我淨
第三若人知煩惱因說輕重不脩道當知是人色從三漏生故无常苦
也若煩惱因說輕重脩道永斷色是常樂我淨者第四出如來也
[illegible]

明漏善男子内不善思舉外諸色香六塵因緣生諸煩惱名為
欲漏是故勸阿難更是女可說偈欲我今知汝本欲由思覺生若
能斷思覺知汝更不生之名偈是三世佛說女應受持也有漏者色
无色界内諸不善耶思惟外因諸緣生一切煩惱名有漏三界无
明通作一无明漏无明者不了己身假名計為神我故言不了我
〻何者五陰幹是虛假計為性實不了己身假名起性故我以己類
他亦不識他身假名皆計為我故言不識内外此性我治行〻之故
名漏也善男子此无明諸漏根本有无明不了之心憶想己身
他身上作性我〻衆生相五識後想非前法決定性實男女名想
倒也受心領納決定姓名受倒行心中計我我所曰名見倒此三心由來
是倒生倒故名倒 迦葉白佛言如十使中无明即漏此中云何因无
明生諸漏也 亦言以下答我今言无明是通名无明非是十使中无明
已不識己身有性我故是无明因於内无明他身上亦發我心生於
諸漏也 名不了心作内外因也 智者觀漏以下上來明漏體自此以下
明漏因也 更誰為令生諸煩惱觀生漏之因緣也 迦葉白亦言以下

BD00260　大般涅槃經疏（擬）

明漏因也更誰為合生諸煩惱觀生漏之因緣也迦葉白言以下
時人謂一身中單起或是以問衆生一身云何能起種種煩惱善男
子器中有无量子得水雨因緣各自生衆生一身有種種業處
水因緣各能果種種煩惱也善男子智者當觀漏因以下第二觀果
報智者應知三漏因緣未來唯得六道果報人天无身中得三種種
苦行苦壞苦苦苦三種无常者三苦特无常此法是患應當斷
此果報也迦葉言若勤行人斷果亦合斷以不若功聖人斷果新今
諸聖人云何得有无漏果善男子或因中說果果中說因斷有漏故
名无為果因有漏斷有漏名无漏果无卻於漏名无漏果迦葉
白言以下難无漏道一切衆生從煩惱生因亦惡果亦惡因次第相生
无窮云何於中得清道善男子以下答世間自有從子生果從果生
子自有是果非子衆生亦尔自有因過去煩惱感得今身現在身
中復起煩惱得未來身復感未來自有由過去因得現在身現在
不造取有不惱得未來身名因唯名果是故於中得有清道衆
生觀受以下明生漏因緣此名受非是想後受復非五意識後受

少滅處煖頂忍中伏滅也畢竟者无相行中我滅也將欲先觀
愛因有起集是也集有三種一者无明集五逆十惡是重一
向名无明集二者明集從聞生思脩解名明集三者非明
非无明者是五戒之可无記此一段心不同向者明名非明不同十
惡名非无明是故第三非明集者即八聖道集對二帝之理二
集者由无明非明非无明此二璃長身心之苦及三受苦受樂受不
苦不樂受斷三受故先斷二集因亡故果亡智者觀受二事
何由生知因想生從此以下觀受之近因所謂想也觀業已上來明
受想集能是其煩惱既有此法必能發業受生自此以下明
能發業受生名生業不能正感於報名不作受業煩惱與業
因行於果名之共人也一作生業發業受生名生業二作受業
者身口意業得未來果名受業身口二業得未來果亦名爲業
體是因不名果正業者心是善惡之主即意業也期者意（從意地生亦名業果意地造善惡得未來果亦是唯名業）
地動作身口暢思期會不差名期業也迦葉白仏言者上來
勸人脩道明身中有妙藥大王未知何者是真道轉欲使如來解
其真道是彼受句也[illegible]

勸人脩道於身中有妙藥大王未知何者是真道轉欲決如來解
其真道是故發問也　六言善男子以下答中凡有五段經文始
初一段明一切法是第一若離卅七品以下明卅七品為道第三知
根因以下明九法為梵行第四明三法為梵行第五十想為梵行汝
問何名為道答始從初住終至涅槃以為真道因果通收故言一
切法是若離卅七品以下第二上來雖一切法是自下略一切法為卅七
品若不脩卅七品不得正果者初地以上說至六地殷勤進得為聲
聞衆不得此聲聞正果說菩提下要行此卅七品終至六果卅
七品真道體也迦葉曰六言云何名知根此以下略卅七品以為九法
第三明九法
凡有二六番一直列名二轉名下三廣解四就因果五就小乘出
家法中解六就十二因緣正名下六云何名知相相之有初住下品
能近生初住六遠生六果能生故名相知因有初住上品心名曰
能遠感於六名曰二近感二住六名因三知欲攝二住心擇生二住下
功得名擇下三住斷見常惑盡生功德中強名增四住中道而能
主能領衆行名主下五住中行殊勝能生後惠名首導六住緣

住名欲尊者能尊生初住名煗尊變者能領納二住功德故名為
受善思者斷見諦惑盡得理解明名善思念者修念四住
下功德守常不忘名念定者能生後惠名定證樂者六地七地
觀達理之名智惠資者從无之惑名解脫畢竟者能辦果
義名大涅槃善欲以下第三廣解善欲初發心者十地之中
初地下品眾生初發心乃至菩提是根本者此下明心遠與菩
提為根是故我說善欲為菩提為根本也以世間以下廣引事
來況迦葉言餘經中說不放逸為根本者今指上第四功德
名作餘經第四功德中嘆一切善法不放逸為本今為說欲
為此九法中何故獨嘆善欲為本前後二經相違故云云何以
言以下答若言生因善欲是初住之心无〻漏〻相續辦菩提果義強
說為生因若了〻言因不放逸者上第四功德中住地是不放逸辦果義
弱說為了因二經相順无相違也如子生物強名生因地水助發名為
了是因義亦尓者初地以上无漏相似種類一等名生地是世間心有
漏果辦果義弱名作了因故言〻尓者　迦葉言昔經中說卅七品以為根

滿異諍畢義弱名作了因故言爾者　迦葉言昔經中說卅七品以為根
本今經中說欲為根本今昔二經相違故言其義云何如來先以下會昔
衆生初始知時要假於厶是以其說卅七品厶為根若自證得微理即
說欲為根本不假厶也云何此尊說名為因者而以二數也或說為惠者
尊對此理名惠修因緣者初住以上修習之初名修觀近善友名尊
者用前下品有漏於上品名善友尊生二住名尊也得理餘此　身口
意十惡名尊三業淨得正命者餘十惡得惠相續名得正命
尊也受名攝取者衆生要時取境苦樂受狀無名受二住下智惠
餘此領納二住以下功德故名受為攝取也遠故多起煩惱卅七品
能壞三惡道報故以受為攝取此能所除斷名也善思惟是三地
心斷見諦麁細或盡名解心緣前二住名增得是卅七品能
破煩惱者是四住心破破能脩道中上品煩惱要藉正念主欲功
德故以念為主也如世間中以下以喻來解也既入定者五住心脩
卅七品能善分別法相生後惠故以主為道也是卅七品者六住緣
空般若七住方便般若能分別法相智解最勝也以惠為勝也若壞

得名畢竟斷除卅七品所〻事心〻安滅名大涅槃。復次以下
第四就因果相發生解愛念心是欲者念欲得菩提念欲生〻住名
欲也。曰下品愛念為善友生上品名為尊是名為因也。曰前二心發〻住
名愛為攝取。曰近善友者，曰前二住思惟常理餘明名增也是
四法者藉因前根因攝增四法能生長四住无福漏名念定五地心
智是六地七地則名住為勝也。因是三法者，曰生定智，發後三地名二解
脫勝處能鄣患愛能縛心斷愛故心得脫除麁故患得明
心患二解脫是名為實。如是八法空解相續畢竟得果名大
涅槃也。欲者是發心以下第五就出家法中深淺解初地下品
心是初无漏名初發出家也。尊是白四羯磨者，尊是上品
心如似出家後白四羯磨名曰二住心名彌如白四後發二種
戒增者餘勝如曰二種戒備得四禪定心之主轉勝如似定
後發患斷見諦結盡脩道中六品結盡證須陁洹斯陁〻果
道者斷三界惑盡如似阿那含也。勝者二種般若是緣名阿羅
漢。覺者後三地實心法流有无雙照罪判名辟支。下畢竟者

BD00260　大般涅槃經疏（擬）

漢讚者後三地寘心法既有无雙照罪判名辟支也畢竟者
有遂回義名无常大果也欲名為證識者九法中欲界是其
物如似一郭中識界是初故言欲名識也鼻名六入者根本鼻對
六塵如似物住上品心鼻對二住之可鼻境生解故名鼻六入
觸名為受者本受領納苦樂名受觸能領納三住下功德故言觸
名為受也增名无明為過去无明生或中强如似三住信忍之上品
有强明前名增生名色色名名色相依使不壞散相續更百年
一報果報如似四住下心无漏相續故言生名名老死也菓名為愛者
愛本貪染境界如似五住心能發生後惠故言道果名愛也勝為取
者染取境界名取如似六住智惠般若七住方便般若此之二惠得
理餘深故言勝也受名有者會果未生名有離生装中先死名有
欲明八住九住十住此三地心是大无生忍功德餘明離大果義隱故
言實名為有畢竟名衰死者衰死今一報果終如似涅槃果是終
極之處故言畢竟名衰死為前十一因得明涅槃為前法可
得也迦葉言以下第四文略上九法為三法思說中之有六諸明

即見之道以下就學無學明義第六根即正因以下就因果相
發生解義根本因增之何取異善男子以下答初住至七住皆
是發因者後三地同依法除位中不為相間故名相似增者滅
向者三相似得果中真相似未來果報以淨現更故屬行人
名万因行備種智現時名增下文可解也如蓮華言如是涅槃
云何可得此問所以來由上言性地心中七品猶發不取為梵行
要初住以上終至於佛空心相續得作梵行時人聞以具生
退心初住以上指勸為梵行住下不階我今大衆未有下之
因住上之行何由可階因行既不成大涅槃果云何可得也
善男子以下答四部衆但修十想為因以生初住相續終得大
涅槃如修十想故便得何待多行此是具智逮從想生名

大乘稻芉經隨聽疏

將釋此經總以五門分別一立所宗二明歸乘四辯歸藏第
五解釋如是五義依大小經及以諸論今當略釋
第一言立所宗者世間宗見雖有无量以要言之不
出二種一內二外彼外宗見有九十六束而言之有十六
論是故瑜伽論本地分中有尋伺等三地內云唱柁南
曰 執因中有果 論顯了有去來 我常宿作因
自在等害法 是无邊矯亂 計无因斷空 最勝淨吉祥
名十六異論 彼長行解釋云由十六種異論差別顯不
如理作意應知何等十六一因中有果論二從緣顯了
論三去來實有論四計我論五計常論六宿因作論
七計自在等論爲作者論八害爲正法論九有邊
无邊論十不死矯亂論十一无因見論十二斷見論十
三空見論十四妄計最勝論十五妄計淨清論十六妄
計吉祥論如是諸論究竟而歸二種之見一斷二常十六論
[illegible]

所有立破文繁不述如瑜伽了廣明　言內宗者揔
而言之有其二種一小乘宗二大乘宗言小乘宗者
大師在世同一師學无有異別佛滅度後為諸師
等情見不同遂分多部或有諸論本末合說有廿二
或有論說而本及末有廿部廣如二種宗輪論說
如是小乘部執雖多畢竟歸依皆同一見何者是一謂
執一切法有實體性所以者何彼蘊處界體皆實故
若蘊等體實是无者為本无故內心變現有色等法
不應道理色

大乘稻芉經隨聽疏

將釋此經揔以五分別一所立宗二歸明乘分四辯歸藏
第五解釋如是五義依大小乘經及以諸論當略釋
第一言立所宗者世間宗見雖有无量以要言之不出二
種一外二內彼外宗見有九十六耒而言之有十六論是
瑜伽論本地分中有尋伺三地內略標謂曰　執日中有果
顯了有去來　我常宿作因　自在等害法　是无邊矯亂

顯了有去來 我常宿作因 自在等害法 是无邊憍亂
計无因斷空 最勝淨吉祥 名異十六異論 彼長行解釋云十六
種論異善別顯不理如作意應知何等十六一因中有果論
二從緣顯了論 三去來實有論 四計我論 五計常論 六宿作
因論 七自在等為作者論 八害為正法論 九有邊无
邊論 十不死憍亂論 十一无因見論 十二斷見論 十三空見
論 十四妄計最勝論 十五妄計清淨論 十六妄計吉祥論
是如諸論究竟而歸二種之見一斷二常此十六論所有
立破文繁不述 如伽瑜論一一廣明 言內宗者總而言
之有其二種 一小乘宗 二大乘宗 言小乘宗者大師在世
同一師學无有善別 佛滅度後為諸師等情見不同遂
分多部 或有論本來合說有廿二部 或有論說而本
來有廿部 廣如二種宗輪論說 如是小乘部執雖多畢竟
歸依皆同一見 何者是一 謂執一切法有實體性 所以者何彼
蘊界處體皆實故 若蘊等體實是无者 世尊不說
諸大種等自相共相 又若色等法猶如兔角非真實

諸大種等自相共相又若色等法猶如兔角非真實
有，雖有識者爲本无故内心變現有色等法不應道
理。色等諸法若无有因不能生故。又若无因心能現者
龜

計神我如米豆為小想計神我遍身為大想計神我遍十方為無量想

无始驕於是內到亦不識外我我所下言无始終者更詳天始來有此无明從此起我受陰界身心

不能了知我及我所者不達神我及五陰所不別內外者不識內外身是其虛假之執為實

計我我所心未決定名為无明憶想作想名為衆生者以无明故憶想謂為實衆生也

若共業合是事不然破第一句虚空名遍但容物處名虚空業〻則不遍若言虚空自
共業合虚空遍故業亦應遍應一切處皆名為合不應說言容物處空自与業合无物處
空不与業合有合不合空則不遍應无言也

引[redacted]破四大以散虚〻空〻非乃〻四大自壞不須別破也

中陰那舍唯有作業者趣處受中陰身名作業无受生業者非是常

受生業故无受生業也

而生受故有生業

受身涅槃一趣受受身名作業二是常

无以所得勝故不相違也

以初果故名須陀洹塞其門意明无想越何以爾然明凡夫伏而不斷後修无漏還次第斷初得須陀
洹後得那含非初果故名不須陀洹也

所以偏道三結者重故偏也下三重語致相本此以五重我見以邊見為本疑與師見為本戒取以見取為本也
此明五義道三三結即故不從此結記

因意為與煩作因名煩為是性煩也答煩性是煩非是煩因名為煩也

BD00260v-3　大般涅槃經疏補記（擬）

BD00261

維摩詰所說經卷中

（後秦）鳩摩羅什 譯

BD00261v

雜寫

340.5cm × 26cm

德成就師子之座文殊師利言居士東方度
三十六恒河沙國有世界名須弥相其佛号須
弥燈王今現在彼佛身長八万四千由旬其
師子座高八万四千由旬嚴飾第一於是長
者維摩詰現神通力即時彼佛遣三万二千
師子之座高廣嚴淨來入維摩詰室諸菩薩
大弟子釋梵四天王等昔所未見其室廣博
悉苞容三万二千師子之座无所妨㝵於毗耶離
城及閻浮提四天下亦不迫迮悉見如故尒
時維摩詰語文殊師利就師子座與諸菩
上人俱坐當自立身如彼座像其得神通菩
薩即自變形為四万二千由旬坐師子座諸
新發意菩薩及大弟子皆不能昇尒時維摩

詰言舍利弗就師子座舍利弗言居士此座
高廣吾不能昇維摩詰言唯舍利弗為須弥
燈王如来作礼乃可得坐於是新發意菩薩
及大弟子即為須弥燈王如来作礼便得坐
師子座
舍利弗言居士未曾有也如是小室乃能容
受此高廣之座於毗耶離城无所妨㝵又於
閻浮提聚落城邑及四天下諸天龍王鬼神
宮殿亦不迫迮維摩詰言唯舍利弗諸佛菩薩
有解脫名不可思議若菩薩住是解脫者
以須弥之高廣内芥子中无所增減須弥山
王本相如故而四天王忉利諸天不覺不知
已之所入唯應度者乃見須弥入芥子中是
名不可思議解脫法門又以四大海水入一毛
孔不嬈魚鼈黿鼉水性之屬而彼大海本相

名不可思議解脫法門又以四大海水入一毛
孔不娆魚鼈黿鼉水性之屬而彼大海本相
如故諸龍鬼神阿脩羅等不覺不知己之所
入於此衆生亦无所娆又舍利弗住不可思
議解脫菩薩斷取三千大千世界如陶家輪
著右掌中擲過恒何沙世界之外其中衆生不
覺不知己之所往又復還置本處都不使人
有往來想而此世界本相如故又舍利弗或
有衆生樂久住世而可度者菩薩即演七日
以為一劫令彼衆生謂之一劫或有衆生不
樂久住而可度者菩薩即促一劫以為七日令
彼衆生謂之七日又舍利弗住不可思議
解脫菩薩以一切佛土嚴飾之事集在一國
[illegible]

弗十方衆生供養諸佛之具菩薩於一毛孔皆
令得見又十方国土所有日月星宿於一毛
孔普使見之又舍利弗十方世界所有諸風
菩薩悉能吸著口中而身无損外諸樹木亦
不摧折又十方世界劫盡燒時以一切火内
於腹中火事如故而不爲害又於下方過恒
河沙等諸佛世界取一佛土舉著上方過恒
河沙无數世界如持鍼鋒舉一棗葉而无所
嬈又舍利弗住不可思議解脫菩薩能以神
通現作佛身或現辟支佛身或現聲聞身
或現帝釋身或現梵王身或現世主身或
現轉輪王身又十方世界所有衆聲上中下
音皆能變之令作佛聲演出无常苦空无我

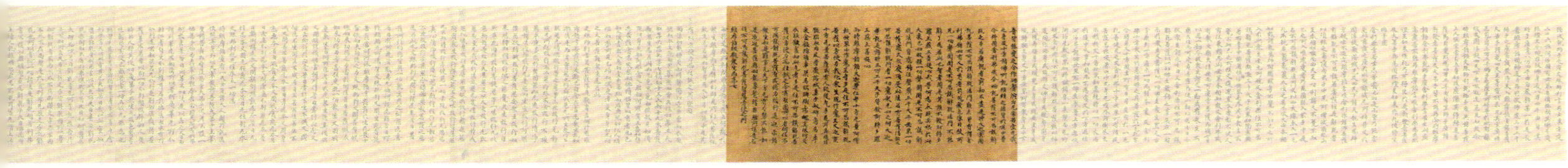

音皆能變之令作佛聲演出无常苦空无我
之音及十方諸佛所說種種之法皆於其中普
令得聞舍利弗我今略說菩薩不可思議解
脫之力若廣說者窮劫不盡是時大迦葉聞
說菩薩不可思議解脫法門歎未曾有謂舍
利弗譬如有人於盲者前現衆色像非彼所
見一切聲聞聞是不可思議解脫法門不能
解了爲若此也智者聞是其誰不發阿耨多
羅三藐三菩提心我等何爲永絕其根於此
大乘已如敗種一切聲聞聞是不可思議解
脫法門皆應號泣聲震三千大千世界一切
菩薩應大欣慶頂受此法若有菩薩信解不
可思議解脫門者一切魔衆无如之何大迦

尒時維摩詰語大迦葉仁者十方无量阿僧
祇世界中作魔王者多是住不可思議解脫
菩薩以方便力教化衆生現作魔王又迦葉
十方无量菩薩或有人從從乞手足耳鼻頭目
髓腦血肉皮骨聚落城邑妻子奴婢象馬車
乘金銀瑠璃車𤦲馬瑙珊瑚虎珀真珠珂貝
衣服飲食如此乞者多是住不可思議解脫菩
薩以方便力而往試之令其堅固所以者何住不
可思議解脫菩薩有威德力故行逼迫示諸
衆生如是難事凡夫下劣无有力勢不能如
是逼迫菩薩譬如龍象蹴踏非驢所堪是名
住不可思議解脫菩薩智慧方便之門

維摩詰經觀衆生品第七

維摩詰經觀衆生品第七
介時文殊師利問維摩詰言［菩］薩云何觀於
衆生維摩詰言譬如幻師見所幻人菩薩觀
衆生爲若此如智者見水中月如鏡中見其

究竟行
薩以方便力而往試之其堅固

面像如熱時炎如呼聲響如空中雲如水聚
沫如水上泡如芭蕉堅如電久住如第五大
如第六陰如第七情如十三入如十九界菩薩
觀衆生爲若此如无色界色如燋穀牙如須
陁洹身見如阿那含入胎如阿羅漢三毒如得
忍菩薩貪恚毀禁如佛煩惱習如盲者見色
如入滅盡［之］出入息如空中鳥跡如石女兒如化人煩
惱如夢所見已悟如滅度者受身如无烟
一[illegible]菩薩見衆生[illegible]七

摩詰言菩薩作是觀已自念我當爲衆生説如
斯法是即真實慈也行寂滅慈无所生故行不
熱慈无煩惱故行等之慈等三世故行无諍
慈无所起故行不二慈内外不合故行不壞
慈畢竟盡故行堅固慈心无毀故行清淨
慈諸法性淨故行无邊慈如虚空故行阿羅
漢慈破結賊故行菩薩慈安衆生故行如
來慈得如相故行佛之慈覺衆生故行自
然慈无因得故行菩提慈等一味故行无比
慈斷諸愛故行大悲慈道以大乘故行无猒
慈觀空无我故行法施慈无遺惜故行持戒
慈化毀禁故行忍辱慈護彼我故行精進慈
荷負衆生故行禪定慈不受味故行智慧慈

慈化毀禁故行忍辱慈護彼我故行精進慈
荷負衆生故行禪定慈不受味故行智慧慈
无不知時故行方便慈一切示現故行无隱慈
真心清淨故行深心慈无雜行故行无誑慈
不虛假故行安樂慈令得佛樂故菩薩之慈
爲若此也文殊師利又問何謂爲悲荅曰菩
薩所作功德皆與一切衆生共之何謂爲喜
荅曰有所饒益歡喜无悔何謂爲捨荅曰所
作福祐无所悕望文殊師利又問生死有畏
菩薩當何所依維摩詰言菩薩於生死畏中
當依如來功德之力文殊師利又問菩薩欲
依如來功德之力當於何住荅曰菩薩欲依
如來功德力者當住度脫一切衆生又問欲
度衆生當何所除荅曰欲度衆生除其煩惱

問云何行於正念荅曰當行不生不滅又問
何法不生何法不滅荅曰不善不生善法不
滅又問善不善孰為本荅曰身為本又問身
孰為本荅曰欲貪為本又問欲貪孰為本荅
曰虛妄分别為本又問虛妄分别孰為本荅
曰顛倒想為本又問顛倒想孰為本荅曰无
住為本又問无住孰為本荅曰无住則无本
文殊師利從无住本立一切法
時維摩詰室有一天女見諸大人聞所說法
便現其身即以天華散諸菩薩大弟子上華
至諸菩薩即皆墮落至大弟子便着不墮一
切弟子神力去華不能令去尒時天問舍利弗
何故去華荅曰此華不如法是以去之天曰勿

大弟子神力去華不能令去爾時天問舍利弗
何故去華答曰此華不如法是以去之天曰勿
謂此華為不如法所以者何是華无所分
別仁者自生分別想耳若於佛法出家有所
分別為不如法若无分別是則如法觀諸菩
薩華不著者以斷一切分別想故譬如人畏
時非人得其便如是弟子畏生死故色聲香
味觸得其便已離畏者一切五欲无能為也
結習未盡華著身耳結習盡者華不著也舍
利弗言天止此室其已久如答曰我止此室如
耆年解脫舍利弗言止此久耶天曰耆年解脫
脫亦何如久舍利弗默然不答天曰如何耆舊
大智而默答曰解脫者无所言說故吾於
是不知所云天曰言說文字皆解脫相所以者
何解脫者不內不外不在兩間文字亦不內

脫也所以者何一切諸法是解脫相舍利弗
言不復以離婬怒癡為解脫乎天曰佛為增
上慢人說離婬怒癡為解脫耳若无增上慢
者佛說婬怒癡性即是解脫舍利弗言善哉
善哉天女汝何所得以何為證辯乃如是天曰
我无得无證故辯如是所以者何若有
得有證者則於佛法為增上慢
舍利弗問天汝於三乘為何志求天曰以聲
聞法化衆生故我為聲聞以因緣法化衆生
故我為辟支佛以大悲法化衆生故我為大乘
舍利弗如人入瞻蔔林唯嗅瞻蔔不嗅餘香
如是若入此室但聞佛功德之香不樂聞聲
聞辟支佛功德香也舍利弗其有釋梵四天王

BD00261　維摩詰所說經卷中

聞辟支佛功德香也舍利弗其有釋梵四天王
諸天龍鬼神等入此室者聞斯上人講説正
法皆樂佛功德之香發心而出舍利弗吾止
此室十有二年初不聞説聲聞辟支佛法但
聞菩薩大慈大悲不可思議諸佛之法舍利
弗此室常現八未曾有難得之法何等爲八
此室常以金色光照晝夜无異不以日月所
照爲明是爲一未曾有難得之法此室入者
不爲諸垢之所惱也是爲二未曾有難得之
法此室常有釋梵四天王他方菩薩來會不
絶是爲三未曾有難得之法此室常説六波
羅蜜不退轉法是爲四未曾有難得之法此
室常作天人第一之樂絃出无量法化之聲
是爲五未曾有難得之法此室有四大藏

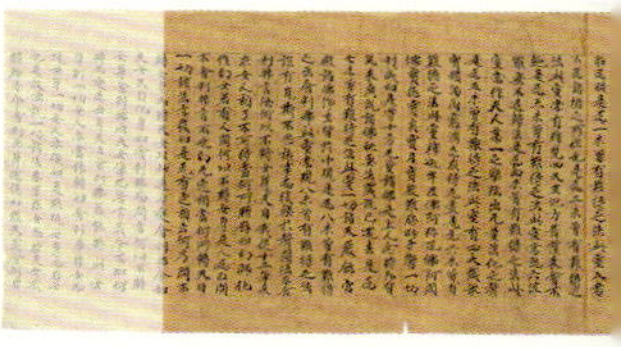

難德之法此室釋迦牟尼佛阿弥陀佛阿閦
佛寶德寶炎寶月寶嚴難勝師子響一切
利成如是等十方无量諸佛是上人念時即皆
爲來廣說諸佛秘要法藏說已還去是爲
七未曾有難得之法此室一切諸天嚴飾宮
殿諸佛淨土皆於中現是爲八未曾有難得
之法舍利弗此室常現八未曾有難得之法
誰有見斯不思議事而復樂於聲聞法乎舍
利弗言汝何以不轉女身天曰我從十二年來
求女人相了不可得當何所轉譬如幻師化
作幻女若有人問何以不轉女身是人爲正問
不舍利弗言不也幻无定相當何所轉天曰
一切諸法亦復如是无有定相云何乃問不

一切諸法亦復如是无有定相云何乃問不
轉女身爾時天女以神通力變舍利弗令如
天女天自化身如舍利弗而問言何以不轉
女身舍利弗以天女像而荅言我今不知何
轉而變爲女身天曰舍利弗若能轉此女
身則一切女人亦當能轉如舍利弗非女而
現女身一切女人亦復如是雖現女身而非女
也是故佛說一切諸法非男非女爾時天女還
攝神力令舍利弗身還復如故天問舍利弗

BD00261v　雜寫

BD00262 妙法蓮華經卷四

（後秦）鳩摩羅什 譯

273.5cm × 26cm

妙法蓮華經五百弟子受記品第八　四

尒時富樓那弥多羅尼子從佛聞是智慧方便
隨宜說法又聞授諸大弟子阿耨多羅三藐
三菩提記復聞宿世因緣之事復聞諸佛
有大自在神通之力得未曾有心淨踊躍
即從座起到於佛前頭面礼足却住一面瞻
仰尊顏目不暫捨而作是念世尊甚奇特所為
希有隨順世間若干種性以方便知見而為說
法拔出衆生處處貪著我等於佛功德言
不能宣唯佛世尊能知我等深心本願尒時
佛告諸比丘汝等見是富樓那弥多羅尼子
不我常稱其於說法人中最為第一亦常歎

梵行者自捨如來無能盡其言論之辯汝等
勿謂富樓那但能護持助宣我法亦於過去
九十億諸佛所護持助宣佛之正法於彼說
法人中亦最第一又於諸佛所說空法明了
通達得四無礙智常能審諦清淨說法无有
疑惑具足菩薩神通之力隨其壽命常修梵
行彼佛世人咸皆謂之實是聲聞而富樓那
以斯方便饒益無量百千衆生又化无量阿僧
祇人令立阿耨多羅三藐三菩提為淨佛土
故常作佛事教化衆生諸比丘富樓那亦
於七佛說法人中而得第一今於我所說法
人中亦為第一於賢劫中當來諸佛說法人
中亦復第一而皆護持助宣佛法亦於未

中亦復第一而皆護持助宣佛法亦於未
來護持助宣无量無邊諸佛之法教化饒益
无量衆生令立阿耨多羅三藐三菩提爲淨
佛土故常勤精進教化衆生漸漸具足菩薩
之道過无量阿僧祇劫當於此土得阿耨多
羅三藐三菩提号曰法明如來應供正遍知
明行足善逝世間解无上士調御丈夫天人師
佛世尊其佛以恒河沙等三千大千世界爲
一佛土七寶爲地地平如掌無有山陵谿㵎
溝壑七寶臺觀充滿其中諸天宮殿近處虚
空人天交接兩得相見无諸惡道亦无女人
一切衆生皆以化生无有婬欲得大神通身
出光明飛行自在志念堅固精進智慧普皆

祇千万億那由他諸菩薩衆得大神通四
无礙智善能教化衆生之類其聲聞衆筭數挍
計所不能知皆得具足六通三明及八解脫
其佛國土有如是等无量功德莊嚴成就劫
名寶明國名善淨其佛壽命无量阿僧祇劫
法住甚久佛滅度後起七寶塔遍滿其國尒
時世尊欲重宣此義而說偈言
諸比丘諦聽　佛子所行道　善學方便故　不可得思議
知衆樂小法　而畏於大智　是故諸菩薩　作聲聞緣覺
以无數方便　化諸衆生類　自說是聲聞　去佛道甚遠
度脫无量衆　皆悉得成就　雖小欲懈怠　漸當令作佛
内秘菩薩行　外現是聲聞　少欲猒生死　實自淨佛土
示衆有三毒　又現邪見相　我弟子如是　方便度衆生

示衆有三毒　又現邪見相　我弟子如是　方便度衆生
若我具足説　種種現化事　衆生聞是者　心則懷疑惑
今此富樓那　於昔千億佛　勤脩所行道　宣護諸佛法
爲求无上慧　而於諸佛所　現居弟子上　多聞有智慧
所説无所畏　能令衆歡喜　未曾有疲惓　而以助佛事
已度大神通　具四无礙智　知衆根利鈍　常説清淨法
演暢如是義　教諸千億衆　令住大乘法　而自淨佛土
未來亦供養　无量无數佛　護助宣正法　亦自淨佛土
常以諸方便　説法无所畏　度不可計衆　成就一切智
供養諸如來　護持法寶藏　其後當作佛　號名曰法明
其國名善淨　七寶所合成　劫名爲寶明　菩薩衆甚多
其數无量億　皆度大神通　威德力具足　充滿其國土
聲聞亦无數　三明八解脱　得四无礙智　以是等爲僧

富樓那比丘　功德悉成滿　當得斯淨土　賢聖衆甚多
如是无量事　我今但略說
尒時千二百阿羅漢心自在者作是念我等
歡喜得未曾有若世尊各見授記如餘大弟
子者不亦快乎佛知此等心之所念告摩訶
迦葉是千二百阿羅漢我今當現前次第與
受阿耨多羅三藐三菩提記於此衆中我大
弟子憍陳如比丘當供養六万二千億佛然
後得成爲佛号日普明如來應供正遍知明
行足善逝世間解无上士調御丈夫天人師
佛世尊其五百阿羅漢優樓頻螺迦葉伽耶
迦葉那提迦葉迦留陁夷優陁夷阿㝹樓
馱離婆多劫賓那薄拘羅周陁莎伽陁等

馱離婆多劫賓那薄拘羅周陁莎伽陁等
皆當得阿耨多羅三藐三菩提盡同一号名
曰普明尒時世尊欲重宣此義而說偈言
憍陳如比丘　當見无量佛　過阿僧祇劫　乃成等正覺
常放大光明　具足諸神通　名聞遍十方　一切之所敬
常說无上道　故号爲普明　其國土清淨　菩薩皆勇猛
咸昇妙樓閣　遊諸十方國　以无上供具　奉獻於諸佛
作是供養已　心懷大歡喜　須臾還本國　有如是神力
佛壽六万劫　正法住倍壽　像法復倍是　法滅天人憂
其五百比丘　次第當作佛　同号曰普明　轉次而授記
我滅度之後　某甲當作佛　其所化世間　亦如我今日
國土之嚴淨　及諸神通力　菩薩聲聞眾　正法及像法
壽命劫多少　皆如上所說　迦葉汝已知　五百自在者
餘諸聲聞眾　亦當復如是　其不在此會　汝當爲宣說

躍即從座起到於佛前頭面礼足悔過自責
世尊我等常作是念自謂已得究竟滅度今
乃知之如无智者所以者何我等應得如來智
慧而便自以小智為足世尊譬如有人至親
友家醉酒而卧是時親友官事當行以无
價寶珠繫其衣裏與之而去其人醉卧都不
覺知起已遊行到於他國為衣食故勤力求
索甚大艱難若少有所得便以為足於後親
友會遇見之而作是言咄哉丈夫何為衣食
乃至如是我昔欲令汝得安樂五欲自恣於
某年日月以无價寶珠繫汝衣裏今故現在
而汝不知勤苦憂惱以求自活甚為癡也汝今
可以此寶貿易所須常可如意无所乏短佛亦

可以此寶貿易所須常可如意无所乏短佛亦
如是為菩薩時教化我等令發一切智心而尋
廢忘不知不覺既得阿羅漢道自謂滅度
資生艱難得少為足一切智願猶在不失
今者世尊覺悟我等作如是言諸比丘汝
等所得非究竟滅我久令汝等種佛善根以
方便故示涅槃相而汝謂為實得滅度世尊
我今乃知實是菩薩得受阿耨多羅三藐三
菩提記以是因緣甚大歡喜得未曾有尒
時阿若憍陳如等欲重宣此義而說偈言
我等聞无上 安隱授記聲 歡喜未曾有 礼无量智佛
今於世尊前 自悔諸過咎 於无量佛寶 得少涅槃分
如无智愚人 便自以為足 譬如貧窮人 往至親友家
其家甚大富 具設諸肴膳 [illegible]

求衣食自濟　資生甚艱難　得少便爲足　更不願好者
不覺內衣裏　有无價寶珠　與珠之親友　後見此貧人
苦切責之已　示以所繫珠　貧人見此珠　其心大歡喜
富有諸財物　五欲而自恣　我等亦如是　世尊於長夜
常愍見教化　令種无上願　我等无智故　不覺亦不知
得少涅槃分　自足不求餘　今佛覺悟我　言非實滅度
得佛无上慧　尒乃爲真滅　我今從佛聞　授記莊嚴事
及轉次受決　身心遍歡喜

妙法蓮華經授學无學人記品第九

尒時阿難羅睺羅而作是念　我等每自思惟
設得受記不亦快乎　即從座起到於佛前
頭面礼足　俱白佛言　世尊　我等於此亦應有
分　唯有如來　我等所歸　又我等爲一切世間天

尒唯有如來我等所歸又我等爲一切世間天
人阿脩羅所見知識阿難常爲侍者護持法
藏羅睺羅是佛之子若佛見授阿耨多羅
三藐三菩提記者我願既滿衆望亦足尒時
學无學聲聞弟子二千人皆從座起偏袒右
肩到於佛前一心合掌瞻仰世尊如阿難羅睺
羅所願住立一面尒時佛告阿難汝於來世
當得作佛号山海慧自在通王如來應供正
遍知明行足善逝世間解无上士調御丈夫
天人師佛世尊當供養六十二億諸佛護持
法藏然後得阿耨多羅三藐三菩提教化
二十千万億恒河沙諸菩薩等令成阿耨多
羅三藐三菩提國名常立勝幡其土清淨瑠璃

筭數校計不能得知正法住世倍於壽命像
法住世復倍正法阿難是山海慧自在通王
佛為十方无量千万億恒河沙等諸佛如来
所共讚歎稱其功德尒時世尊欲重宣此義而
說偈言
我今僧中說　阿難持法者　當供養諸佛　然後成正覺
号曰山海慧　自在通王佛　其國土清淨　名常立勝幡
教化諸菩薩　其數如恒沙　佛有大威德　名聞滿十方
壽命无有量　以愍衆生故　正法倍壽命　像法復倍是
如恒河沙等　无數諸衆生　於此佛法中　種佛道因緣
尒時會中新發意菩薩八千人咸作是念我
等尚不聞諸大菩薩得如是記有何因緣而
諸聲聞得如是

BD00263 妙法蓮華經卷三

（後秦）鳩摩羅什 譯

240.3cm×26.8cm

妙法蓮華經藥草喻品第五　三
尒時世尊告摩訶迦葉及諸大弟子善哉
哉迦葉善說如来真實功德誠如所言如来
復有无量无邊阿僧祇功德汝等若於无量
億劫說不能盡迦葉當知如来是諸法之王
若有所說皆不虛也於一切法以智方便而
演說之其所說法皆悉到於一切智地如来
觀知一切諸法之所歸趣亦知一切衆生深
心所行通達无㝵又於諸法究盡明了示諸
衆生一切智慧迦葉譬如三千大千世界山
川谿谷土地所生卉木叢林及諸藥草種類
若干名色各異密雲弥布遍覆三千大千世

根大莖大枝大葉諸樹大小隨上中下各有
所受一雲所雨稱其種性而得生長花菓敷
實雖一地所生一雨所潤而諸草木各有差
別迦葉當知如來亦復如是出現於世如大
雲起以大音聲普遍世界天人阿脩羅如彼
大雲遍覆三千大千國土於大衆中而唱是
言我是如來應供正遍知明行足善逝世間
解无上士調御丈夫天人師佛世尊未度者
令度未解者令解未安者令安未涅槃者令
得涅槃今世後世如實知之我是一切知者
一切見者知道者開道者說道者汝等天人
阿脩羅衆皆應到此為聽法故尒時无數千
万億種衆生來至佛所而聽法如來于時觀

万億種衆生来至佛所而聽法如来于時觀
是衆生諸根利鈍精進懈怠隨其所堪而
為説法種種無量皆令歡喜快得善利是諸
衆生聞是法已現世安隱後生善處以道受
樂亦得聞法既聞法已離諸障礙於諸法中
任力所能漸得入道如彼大雲雨於一切卉木
叢林及諸藥草如其種性具足蒙潤各得生
長如来説法一相一味所謂解脫相離相滅
相究竟至於一切種智其有衆生聞如来法
若持讀誦如説修行所得功德不自覺知所
以者何唯有如来知此衆生種相體性念何
事思何事修何事云何念云何思云何修以
何法念以何法思以何法修以何法得何法衆

中下性如來知是一相一味之法所謂解脫
相離相滅相究竟涅槃常寂滅相終歸於空
佛知是已觀眾生心欲而將護之是故不即
為說一切種智汝等迦葉甚為希有能知如
來隨宜說法能信能受所以者何諸佛世尊
隨宜說法難解難知尒時世尊欲重宣此義
而說偈言
破有法王　出現世間　隨眾生欲　種種說法
如來尊重　智慧深遠　久默斯要　不務速說
有智若聞　則能信解　无智疑悔　則為永失
是故迦葉　隨力為說　以種種緣　令得正見
迦葉當知　譬如大雲　起於世間　遍覆一切
慧雲含潤　電光晃曜　雷聲遠震　令眾悅豫

慧雲含潤　電光晃曜　雷聲遠震　令衆悅豫
日光掩蔽　地上清涼　靉靆垂布　如可承攬
其雨普等　四方俱下　流澍无量　率土充洽
山川險谷　幽邃所生　卉木藥草　大小諸樹
百穀苗稼　甘蔗蒲桃　雨之所潤　无不豐足
乾地普洽　藥木並茂　其雲所出　一味之水
草木叢林　隨分受潤　一切諸樹　上中下等
稱其大小　各得生長　根莖枝葉　花菓光色
一雨所及　皆得鮮澤　如其體相　性分大小
所潤是一　而各滋茂　佛亦如是　出現於世
譬如大雲　普覆一切　既出于世　為諸衆生
分別演說　諸法之實　大聖世尊　於諸天人
一切衆中　而宣是言　我為如來　兩足之尊

諸天人衆　一心善聽　皆應到此　覲无上尊
我爲世尊　无能及者　安隱衆生　故現於世
爲大衆說　甘露淨法　其法一味　解脫涅槃
以一妙音　演暢斯義　常爲大乘　而作因緣
我觀一切　普皆平等　无有彼此　愛憎之心
我无貪著　亦无限礙　恒爲一切　平等說法
如爲一人　衆多亦然　常演說法　曾无他事
去來坐立　終不疲猒　充足世間　如雨普潤
貴賤上下　持戒毀戒　威儀具足　及不具足
正見邪見　利根鈍根　等雨法雨　而无懈倦
一切衆生　聞我法者　隨力所受　住於諸地
或處人天　轉輪聖王　釋梵諸王　是小藥草
知无漏法　能得涅槃　起六神通　及得三明

知无漏法 能得涅槃 起六神通 及得三明
獨處山林 常行禪定 得緣覺證 是中藥草
求世尊處 我當作佛 行精進定 是上藥草
又諸佛子 專心佛道 常行慈悲 自知作佛
決定无疑 是名小樹 安住神通 轉不退輪
度无量億 百千衆生 如是菩薩 名為大樹
佛平等說 如一味雨 隨衆生性 所受不同
彼彼草木 所稟各異 佛以此喻 方便開示
種種言辭 演說一法 於佛智慧 如海一渧
我雨法雨 充滿世間 一味之法 隨力脩行
如彼藂林 藥草諸樹 隨其大小 漸增茂好
諸佛之法 常以一味 令諸世間 普得具足
漸次脩行 皆得道果 聲聞緣覺 處於山林

是名小樹　而得增長　復有住禪　得神通力
聞諸法空　心大歡喜　放无數光　度諸衆生
是名大樹　而得增長　如是迦葉　佛所說法
譬如大雲　以一味雨　潤於人華　各得成實
迦葉當知　以諸因緣　種種譬喻　亦々佛道
是我方便　諸佛亦然　今為汝等　說最實事
諸聲聞衆　皆非滅度　汝等所行　是菩薩道
漸漸脩學　悉當成佛

妙法蓮華經授記品第六

尒時世尊說是偈已告諸大衆唱如是言我
此弟子摩訶迦葉於未來世當得奉覲三百
萬億諸佛世尊供養恭敬尊重讚歎廣宣
諸佛无量大法於最後身得成為佛名曰光明
如來應供正遍知明行足善逝世間解无上

諸佛无量大法於冣後身得成為佛名曰光明
如来應供正遍知明行足善逝世間解无上
士調御丈夫天人師佛世尊國名光德劫名
大莊嚴佛壽十二小劫正法住世二十小劫
像法亦住二十小劫國界嚴飾无諸穢惡瓦
礫荊棘便利不淨其土平正无有高下坑坎
堆阜瑠璃為地寶樹行列黃金為繩以界道
側散諸寶華周遍清淨其國菩薩无量千億
諸聲聞衆亦復无數无有魔事雖有魔及
魔民皆護佛法尒時世尊欲重宣此義而說
偈言
告諸比丘　我以佛眼　見是迦葉　於未来世
過无數劫　當得作佛　而於未世　供養奉覲

於最後身得成爲佛其土清淨瑠璃爲地
多諸寶樹行列道側金繩界道見者歡喜
常出好香散衆名華種種奇妙以爲莊嚴
其地平正无有丘坑諸菩薩衆不可稱計
其心調柔逮大神通奉持諸佛大乘經典
諸聲聞衆无漏後身法王之子亦不可計
乃以天眼不能數知其佛當壽十二小劫
正法住世二十小劫像法亦住二十小劫
光明世尊其事如是
尒時大目犍連須菩提摩訶迦旃延等皆悉
悚慄一心合掌瞻仰尊顔目不暫捨即共同
聲而說偈言
大雄猛世尊　諸釋之法王　哀愍我等故　而賜佛音聲

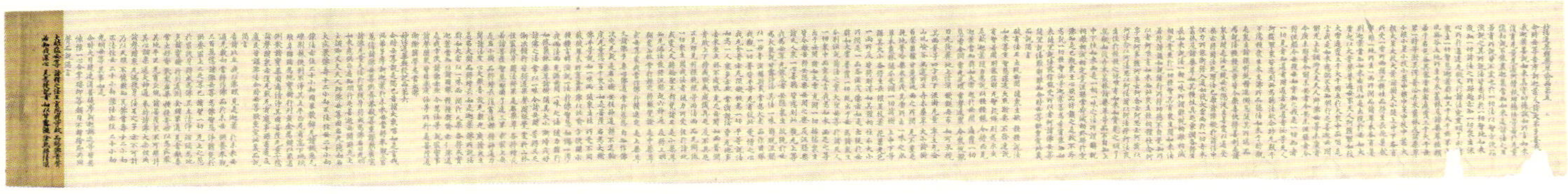

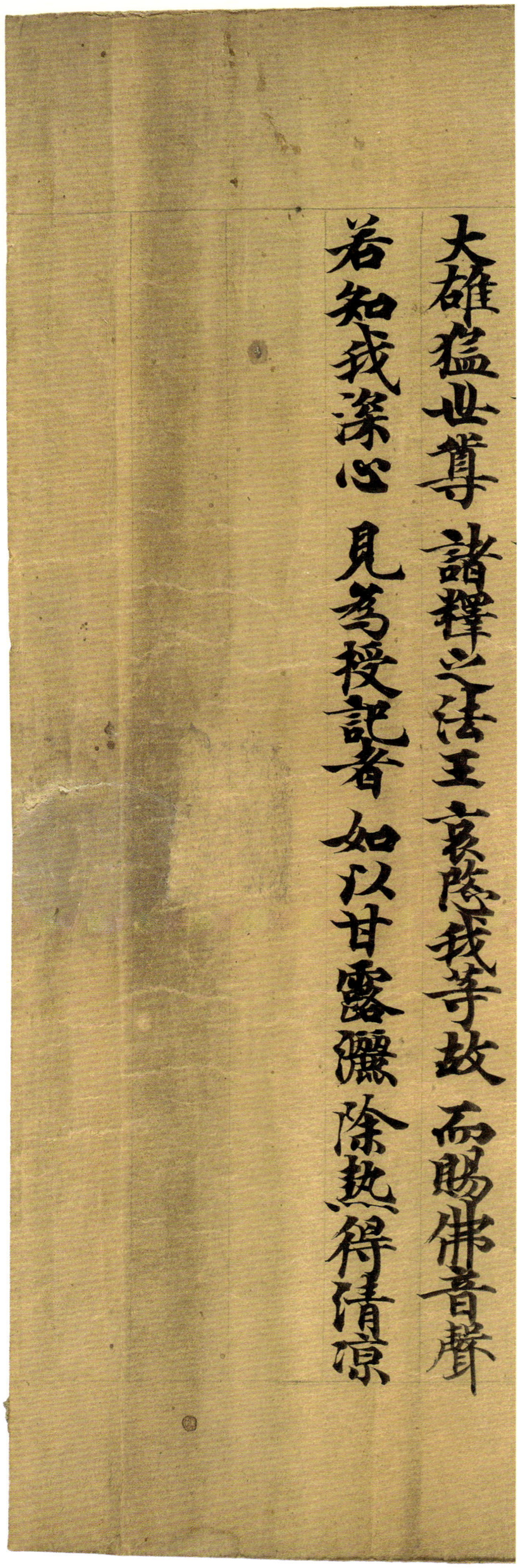

大雄猛世尊　諸釋之法王　哀愍我等故　而賜佛音聲
若知我深心　見為授記者　如以甘露灑　除熱得清涼

BD00264 金剛般若波羅蜜經

（後秦）鳩摩羅什 譯

BD00264v 雜寫

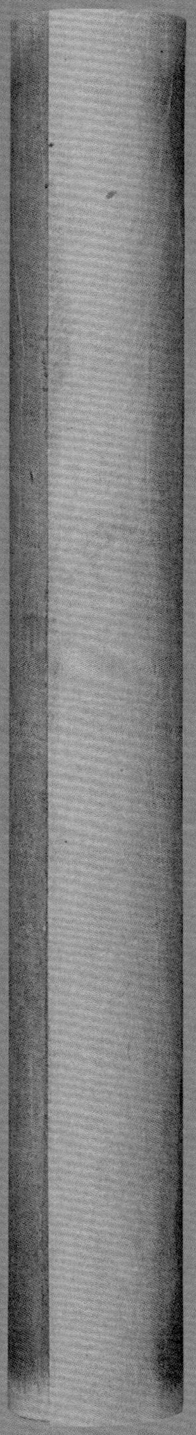

270.3cm × 24.8cm

塔廟何況有人盡能受持讀誦須菩提當知
是人成就最上第一希有之法若是經典所
在之處則為有佛若尊重弟子
尒時須菩提白佛言世尊當何名此經我等
云何奉持佛告須菩提是經名為金剛般若
波羅蜜以是名字汝當奉持所以者何須菩
提佛說般若波羅蜜則非般若波羅蜜須菩
提於意云何如來有所說法不須菩提白佛
言世尊如來无所說須菩提於意云何三千
大千世界所有微塵是為多不須菩提言甚
多世尊須菩提諸微塵如來說非微塵是名
微塵如來說世界非世界是名世界須菩提
於意云何可以三十二相見如來不不也世
尊不可以三十二相得見如來何以故如來

命布施若復有人於此經中乃至受持四句
偈等為他人說其福甚多
尒時須菩提聞說是經深解義趣涕淚悲泣
而白佛言希有世尊佛說如是甚深經典我
從昔来所得慧眼未曾得聞如是之經世尊
若復有人得聞是經信心清淨則生實相當
知是人成就第一希有功德世尊是實相者
則是非相是故如来說名實相世尊我今得
聞如是經典信解受持不足為難若當来世
後五百歲其有衆生得聞是經信解受持是
人則為第一希有何以故此人无我相人相
衆生相壽者相所以者何我相即是非相人
相衆生相壽者相即是非相何以故離一切
諸相則名諸佛

諸相則名諸佛
佛告須菩提如是如是若復有人得聞此經
不驚不怖不畏當知是人甚為希有何以故
須菩提如来說第一波羅蜜非第一波羅蜜
是名第一波羅蜜
須菩提忍辱波羅蜜如来說非忍辱波羅蜜
何以故須菩提如我昔為歌利王割截身體
我於尒時无我相无人相无衆生相无壽者
相何以故我於往昔節節支解時若有我相
人相衆生相壽者相應生瞋恨須菩提又念
過去於五百世作忍辱仙人於尒所世无我
相无人相无衆生相无壽者相是故須菩提
菩薩應離一切諸相發阿耨多羅三藐三菩提
心不應住色生心不應住聲香味觸法生心

益一切衆生應如是布施如来說一切諸相
即是非相又說一切衆生則非衆生
須菩提如来是真語者實語者如語者不誑
語者不異語者須菩提如来所得法此法无
實无虚
須菩提若菩薩心住於法而行布施如人入
暗則无所見若菩薩心不住法而行布施如
人有目日光明照見種種色
須菩提當来之世若有善男子善女人能於
此經受持讀誦則爲如来以佛智慧悉知是
人悉見是人皆得成就无量无邊功德
須菩提若有善男子善女人初日分以恒河
沙等身布施中日分復以恒河沙等身布施
後日分亦以恒河沙等身布施如是无量百

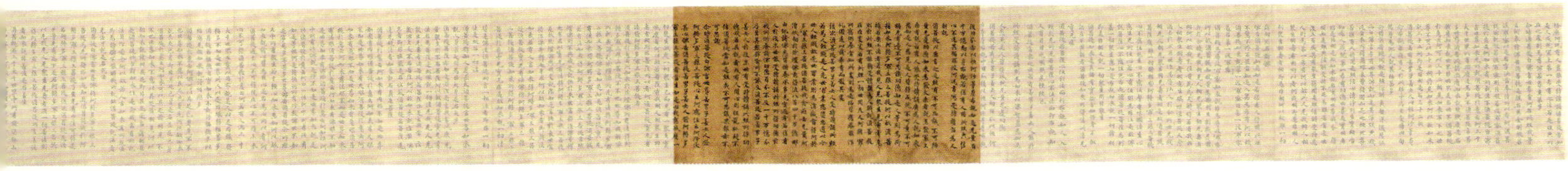

後日分亦以恒河沙等身布施如是无量百
千万億劫以身布施若復有人聞此經典信
心不逆其福勝彼何況書寫受持讀誦為人
解說
須菩提以要言之是經有不可思議不可稱
量无邊功德如来為發大乘者說為發最上
乘者說若有人能受持讀誦廣為人說如来
悉知是人悉見是人皆得成就不可量不可
稱无有邊不可思議功德如是人等則為荷
擔如来阿耨多羅三藐三菩提何以故須菩
提若樂小法者著我見人見衆生見壽者見
則於此經不能聽受讀誦為人解說須菩提
在在處處若有此經一切世間天人阿脩羅
所應供養當知此處則為是塔皆應恭敬作
礼圍遶以諸華香而散其處

世人輕賤故先世罪業則為消滅當得阿耨
多羅三藐三菩提須菩提我念過去无量阿
僧祇劫於然燈佛前得值八百四千万億那
由他諸佛悉皆供養承事无空過者若復有
人於後末世能受持讀誦此經所得功德於
我所供養諸佛功德百分不及一千万億分
乃至筭數譬喻所不能及須菩提若善男子
善女人於後末世有受持讀誦此經所得功
德我若具說者或有人聞心則狂亂狐疑不
信須菩提當知是經義不可思議果報亦不
可思議
尒時須菩提白佛言世尊善男子善女人發
阿耨多羅三藐三菩提心云何應住云何降伏
其心佛告須菩提善男子善女人發阿耨多
羅三藐三菩提者當生如是心我應滅度一

其心佛告須菩提善男子善女人發阿耨多
羅三藐三菩提者當生如是心我應滅度一
切衆生滅度一切衆生已而无有一衆生實
滅度者何以故若菩薩有我相人相衆生相
壽者相則非菩薩所以者何須菩提實无有
法發阿耨多羅三藐三菩提者
須菩提於意云何如来於然燈佛所有法得阿
耨多羅三藐三菩提不不也世尊如我解佛
所說義佛於然燈佛所无有法得阿耨多羅
三藐三菩提佛言如是如是須菩提實无
有法如来得阿耨多羅三藐三菩提須菩提
若有法如来得阿耨多羅三藐三菩提者然
燈佛則不與我受記汝於来世當得作佛号釋
迦牟尼以實无有法得阿耨多羅三藐三菩提
是故然燈佛與我受記作如是言汝於来世當

提須菩提實无有法佛得阿耨多羅三藐
三菩提須菩提如来所得阿耨多羅三藐三
菩提於是中无實无虛是故如来說一切法
皆是佛法須菩提所言一切法者即非一切
法是故名一切法
須菩提譬如人身長大須菩提言世尊如来
說人身長大則為非大身是名大身
須菩提菩薩亦如是若作是言我當滅度无
量衆生則不名菩薩何以故須菩提實无有
法名為菩薩是故佛說一切法无我无人无
衆生无壽者須菩提若菩薩作是言我當莊
嚴佛土是不名菩薩何以故如来說莊嚴佛
土者即非莊嚴是名莊嚴須菩提若菩薩通
達无我法者如来說名真是菩薩

土者即非莊嚴是名莊嚴須菩提若菩薩通
達无我法者如来說名真是菩薩
須菩提於意云何如来有肉眼不如是世尊
如来有肉眼須菩提於意云何如来有天眼
不如是世尊如来有天眼須菩提於意云何
如来有慧眼不如是世尊如来有慧眼須菩
提於意云何如来有法眼不如是世尊如来
有法眼須菩提於意云何如来有佛眼不如
是世尊如来有佛眼須菩提於意云何如恒河
中所有沙佛說是沙不如是世尊如来說是
沙須菩提於意云何如一恒河中所有沙有
如是等恒河是諸恒河所有沙數佛世界如
是寧為多不甚多世尊佛告須菩提尒所國
土中所有衆生若干種心如来悉知何以故
如来說諸心皆為非心是名為心所以者何
須菩提過去心不可得現在心不可得未来

大千世界七寶以用布施是人以是因緣得
福多不如是世尊此人以是因緣得福甚多
須菩提若福德有實如來不說得福德多以
福德无故如來說得福德多
須菩提於意云何佛可以具足色身見不不
也世尊如來不應以具足色身見何以故如來
說具足色身即非具足色身是名具足色身
須菩提於意云何如來可以具足諸相見不
不也世尊如來不應以具足諸相見何以
故如來說諸相具足即非具足是名諸相具
足須菩提汝勿謂如來作是念我當有所說
法莫作是念何以故若人言如來有所說法
即為謗佛不能解我所說故須菩提說法者
无法可說是名說法
須菩提白佛言世尊佛得阿耨多羅三藐三

无法可說是名說法
須菩提白佛言世尊佛得阿耨多羅三藐三
菩提為无所得耶如是如是須菩提我於阿
耨多羅三藐三菩提乃至无有少法可得是
名阿耨多羅三藐三菩提復次須菩提是法
平等无有高下是名阿耨多羅三藐三菩提
以无我无人无衆生无壽者脩一切善法則
得阿耨多羅三藐三菩提須菩提所言善法
者如來說非善法是名善法
須菩提若三千大千世界中所有諸須弥山
王如是等七寶聚有人持用布施若人以此
般若波羅蜜經乃至四句偈等受持讀誦為
他人說於前福德百分不及一百千万億分
乃至筭數譬喻所不能及
須菩提於意云何汝等勿謂如來作是念我

有我人衆生壽者須菩提如來說有我者則
非有我而凡夫之人以為有我須菩提凡夫
者如來說則非凡夫

[illegible]二相觀如來不須
一相觀如來佛言須
[illegible]者轉輪聖王則是
[illegible]尊如我解佛所說義
[illegible]時世尊而說偈言
[illegible]人行邪道　不能見如來

BD00264v　雜寫

BD00265 妙法蓮華經卷四

（後秦）鳩摩羅什 譯

174cm × 25.7cm

[illegible]入禪定[illegible]言善哉善哉釋迦牟
尼佛快說是法華經我為聽是經故而來至
此尒時四衆等見過去无量千万億刧滅度
佛說如是言歎未曾有以天寶華聚散多寶
佛及釋迦牟尼佛上尒時多寶佛扵寶塔中
分半座與釋迦牟尼佛而作是言釋迦牟尼
佛可就此座即時釋迦牟尼佛入其塔中坐
其半座結跏趺坐尒時大衆見二如來在七
寶塔中師子座上結跏趺坐各作是念佛坐
高遠唯願如來以神通力令我等輩俱處虛
空即時釋迦牟尼佛以神通力接諸大衆皆
在虛空以大音聲普告四衆誰能扵此娑婆
國土廣說妙法華經今正是時如來不久當入
[illegible]

聖主世尊　雖久滅度　在寶塔中　尚為法来
諸人云何　不勤為法　此佛滅度　无央數劫
處處聽法　以難遇故　彼佛本願　我滅度後
在在所生　常為聽法　又我分身　无量諸佛
如恒沙等　来欲聽法　及見滅度　多寶如来
各捨妙土　及弟子衆　天人龍神　諸供養事
令法久住　故来至此　為坐諸佛　以神通力
移无量衆　令國清淨　諸佛各各　詣寶樹下
如清涼池　蓮華莊嚴　其寶樹下　諸師子座
佛坐其上　光明嚴飾　如夜闇中　然大炬火
身出妙香　遍十方國　衆生蒙薰　喜不自勝
譬如大風　吹小樹枝　以是方便　令法久住
告諸大衆　我滅度後　誰能護持　讀說斯經

告諸大衆 我滅度後 誰能護持 讀說斯經
今於佛前 自說誓言 其多寶佛 雖久滅度
以大誓願 而師子吼 多寶如來 及與我身
所集化佛 當知此意 諸佛子等 誰能護法
當發大願 令得久住 其有能護 此經法者
則為供養 我及多寶 此多寶佛 處於寶塔
常遊十方 為是經故 亦復供養 諸來化佛
莊嚴光飾 諸世界者 若說此經 則為見我
多寶如來 及諸化佛 諸善男子 各諦思惟
此為難事 宜發大願 諸餘經典 數如恒沙
雖說此等 未足為難 若接須弥 擲置他方
无數佛土 亦未為難 若以足指 動大千界
遠擲他國 亦未為難 若立有頂 為衆演說

而以遊行　亦未為難　於我滅後　若自書持
若使人書　是則為難　若以大地　置足甲上
昇於梵天　亦未為難　佛滅度後　於惡世中
暫讀此經　是則為難　假使劫燒　擔負乾草
入中不燒　亦未為難　我滅度後　若持此經
為一人說　是則為難　若持八万　四千法藏
十二部經　為人演說　令諸聽者　得六神通
雖能如是　亦未為難　於我滅後　聽受此經
問其義趣　是則為難　若人說法　令千万億
无量无數　恒沙眾生　得阿羅漢　具六神通
雖有是益　亦未為難　於我滅度　若能奉持
如斯經典　是則為難　我為佛道　於无量土
從始至今　廣說諸經　而於其中　此經第一
若有能持　則持佛身　諸善男子　於我滅後

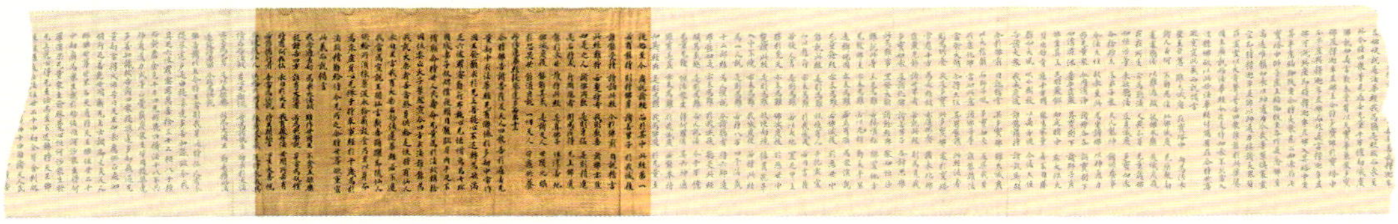

從始至今　廣説諸經　而於其中　此經第一
若有能持　則持佛身　諸善男子　於我滅後
誰能受持　讀誦此經　今於佛前　自説誓言
此經難持　若暫持者　我則歡喜　諸佛亦然
如是之人　諸佛所歎　是則勇猛　是則精進
是名持戒　行頭陀者　則為疾得　无上佛道
能於來世　讀持此經　是真佛子　住淳善地
佛滅度後　能解其義　是諸天人　世間之眼
於恐畏世　能須臾説　一切天人　皆應供養

妙法蓮華經提婆達多品第十二

尒時佛告諸菩薩及天人四衆吾於過去无
量劫中求法華經无有懈惓於多劫中常作
國王發願求於无上菩提心不退轉為欲滿

惜軀命時世人民壽命无量為於法故捐捨
國位委政太子擊鼓宣令四方求法誰能為
我說大乘者吾當終身供給走使時有仙人
来白王言我有大乘名妙法蓮華經若不違
我當為宣說王聞仙言歡喜踊躍即隨仙人
供給所須採菓汲水拾薪設食乃至以身而
為床座身心无惓于時奉事經於千歲為於
法故精勤給侍令无所乏尒時世尊欲重宣
此義而說偈言
我念過去劫　為求大法故　雖作世國王　不貪五欲樂
搥鍾告四方　誰有大法者　若為我解說　身當為奴僕
時有阿私仙　来白於大王　我有微妙法　世間所希有
若能脩行者　吾當為汝說　時王聞仙言　心生大喜悅
即便隨仙人　供給於所須　採薪及菓蓏　隨時恭敬與

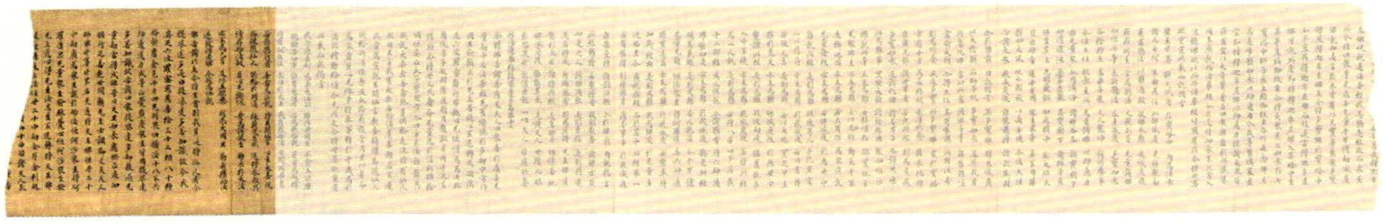

若能脩行者　吾當為汝說　時王聞仙言　心生大喜悅
即便隨仙人　供給於所須　採薪及菓蓏　隨時恭敬與
情存妙法故　身心无懈倦　普為諸衆生　勤求於大法
亦不為己身　及以五欲樂　故為大國王　勤求獲此法
遂致得成佛　今故為汝說
佛告諸比丘尒時王者則我身是時仙人者今
提婆達多是由提婆達多善知識故令我
具足六波羅蜜慈悲喜捨三十二相八十種
好紫磨金色十力四无所畏四攝法十八不共
神通道力成等正覺廣度衆生皆因提婆達
多善知識故告諸四衆提婆達多却後過无
量劫當得成佛号曰天王如來應供正遍知
明行足善逝世間解无上士調御丈夫天人

羅漢果无量衆生發緣覺心恒河沙衆生發
无上道心得无生法忍至不退轉時天王佛
般涅槃後正法住世二十中劫全身舍利起
廣四十由旬諸天人民
幢幡

BD00266 延壽命經（小本）

BD00266v 延壽命經外題

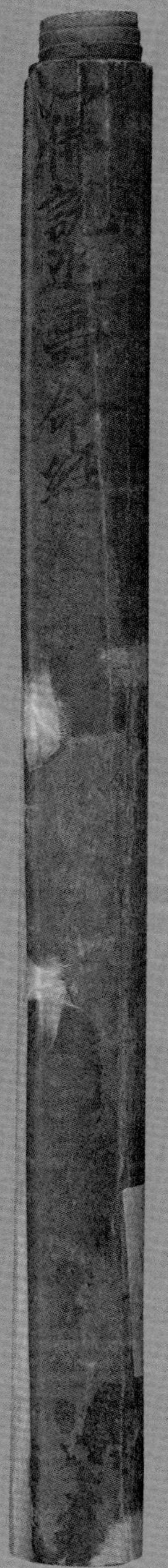

62cm × 25.5cm

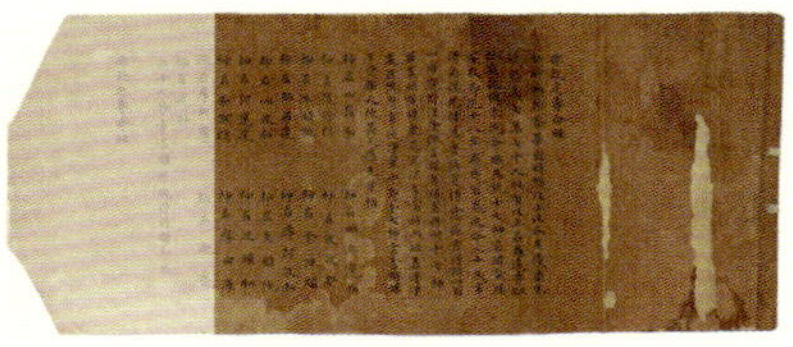

佛說延壽命經

尒時佛在香華國時與比丘比丘尼優婆塞
優婆夷七萬七千人俱有比丘名難達壽欲
今月將終之命佛為說十七神名吉苗、遠

終期從佛求延命佛為說十七神名結黃縷
百枚即延十八年有壽百歲延命二十歲常
得安隱无諸惡害病者得愈瘂者得語四百
四病應時消除佛言諸有病者持此十七神
名薦結黃縷衆患悉除常當持此経著清淨
處若隨身常使淨潔中即十七神常當擁護
不得離之使其人獲无量福

神名四薩和　神名毗丘遮和
神名隨沙門　神名波波鄅
神名牛頭陁　神名金陁頭
神名鄅羅達　神名摩訶波和
神名四波和　神名馬頭陁
神名阿遮達　神名波頭和
神名和訶頭　神名摩由羅

神名和訶頭　　神名摩由羅
神名摩訶摩　　神名迦遮
神名遮神
此十七神常當擁護使得所願即成
佛說延壽命經

BD00266v　延壽命經外題

BD00267

金光明最勝王經卷七

（唐）義净 譯

646.4cm×25cm

即是言佛功德諸佛
密意諸佛土處故名无
門作是語已舍利子白佛
爲我說此陀羅尼諸菩
无上菩提不復退轉成就
辯才獲希有事安住聖
故佛告舍利子善哉善
說若有菩薩得此陀羅尼
无異若有供養尊者
知即是供養於佛
羅尼受持讀誦生信解
養與佛无異以是因緣獲无上果尒時世尊
[illegible]

蘇三鉢囉底瑟恥哆　蘇那麼
蘇鉢喇底瑟恥哆　鼻逝也跋羅
薩底也鉢喇底慎若　蘇阿盧訶
慎若那末底　嗢波彈你
阿伐那末你　阿毗師彈你
阿鞞毗耶訶囉　輸婆伐底
蘇尼室唎多引　薄虎郡社引
阿毗婆馱引　莎訶皆引
佛告舍利子此无染著陁羅尼句若有善
薩能善安住能正受持者當知是人若於一
劫若百劫若千劫若百千劫所發正願无有
窮盡身亦不被刀仗毒藥水火猛獸之所損
害何以故舍利子此无染著陁羅尼是過去諸

容何以故舍利子此无垢著陁羅尼是過去諸
佛母未來諸佛母現在諸佛母舍利子若復
有人以十阿僧企耶三千大千世界滿中七
寶奉施諸佛及以上妙衣服飲食種種供養
經无數劫若復有人於此陁羅尼乃至一句
能受持者所生之福倍多於彼何以故舍利
子此无垢著陁羅尼甚深法門是諸佛母故
時具壽舍利子及諸大衆聞是法已皆大歡
喜咸願受持
金光明最勝王經如意寶珠品第十四
尒時世尊於大衆中告阿難陁曰汝等當知
有陁羅尼名如意寶珠遠離一切災厄亦能
遮止諸惡雷電過去如來應正等覺所共

得安樂時諸大衆及[illegible]聞佛語已各各
至誠瞻仰世尊聽受[illegible]汝等諦聽於
此東方有光明電王[illegible]揭多南方有光明
電王名設羯嚕西方有光明電王名主多光
北方有光明電王名蘇多末尼若有善男子
善女人得聞如是電王名字及知方處者此
人即便遠離一切怖畏之事及諸災横悉皆
消殄若於住處書此四方電王名者於所住
處无雷電怖亦无災厄及諸障惱非時枉死
悉皆遠離尒時世尊即説呪曰
怛　姪　他　你弭你弭你　弭
尼　民　達　哩　窒哩盧迦盧羯你
窒哩輸攞波你　曷喀叉遏喀叉

室哩輸攞波伱　曷咯叉遏咯叉
我某甲及此住處一切恐怖所有苦惱雷電
霹靂乃至枉死悉皆遠離莎訶
尒時觀自在菩薩摩訶薩在大衆中即從座
起偏袒右肩合掌恭敬白佛言世尊我今
亦於佛前略說如意寶珠神咒於諸人天為
大利益哀愍世間擁護一切令得安樂有大
威力所求如願即說咒曰
怛姪他唱帝　唱帝伱唱帝
鉢喇室體雞　鉢喇底（丁耶）蜜室囇
式提目㲁毗末囇　鉢喇婆莎（蘇活）囇
安荼（入聲）囇般荼囇　税（平聲）帝
般荼囉婆死伱　唱囇㲁荼（引）囇

我某甲及此住處一切恐怖所有苦惱乃至
枉死悉皆遠離願我莫見罪惡之事常蒙
聖觀自在菩薩大悲威光之所護念莎訶
尒時執金剛秘密主菩薩即從座起合掌恭
敬白佛言世尊我今亦說陀羅尼呪名曰无
勝於諸人天為大利益哀愍世間擁護一切
有大威力所求如願即說呪曰
怛姪他 毋你毋你 毋尼㘑 末底末底
蘇末底 莫訶末底 呵呵呵 麼 娑以
那 悉底帝引 波跛 跋折攞 波 你
惡鉗火含 姪嚟 荼上 莎訶
世尊我此神呪名曰无勝擁護若有男女
一心受持書寫讀誦憶念不忘我於晝夜常
護是人於一切恐怖

BD00267 金光明最勝王經卷七

一心受持書寫讀誦憶念不忘我於晝夜常
護是人於一切恐怖乃至枉死悉皆遠離
尒時索訶世界主梵天王即從座起合掌恭
敬白佛言世尊我亦有陁羅尼微妙法門於
諸人天為大利益哀愍世間擁護一切有大
威力所求如願即說呪曰
怛　姪　他　醯里弭里地里　莎訶
跋囉蚶麼布囉　跋囉蚶　末　泥
跋囉蚶麼揭鞞　補澀跛僧悉怛囉莎訶
世尊我此神呪名曰梵治悉能擁護持是呪
者令離憂惱及諸罪業乃至枉死悉皆遠離
尒時帝釋天主即從座起合掌恭敬白佛言
世尊我亦有陁羅尼名跋折羅扇你是大明

怛姪他毗你婆喇你　畔柂麼繟滯
麼膩你檄檄尔瞿哩　健陁哩旃荼哩
摩登耆上卜羯死　薩羅跛喇鞞去
呬娜末住杏麼嗢多喇你　莫呼剌你達剌你計
斫羯囉婆枳　捨伐哩奢伐哩莎訶
尒時多聞天王持國天王增長天王廣目天
王俱從座起合掌恭敬白佛言世尊我今亦
有神呪名施一切衆生无畏於諸苦惱常為
擁護令得安樂增益壽命無諸患苦乃至
枉死悉皆遠離即說呪曰
怛姪他補濕閉　蘇補濕閉
度麼鉢喇呵囇　阿儞耶鉢喇設悉帝
扇帝涅目帝　忙揭例窣都帝
悉哆鼻帝　莎訶

悉哆鼻　帝　　莎訶
尒時復有諸大龍王所謂末那斯龍王電
光龍王无熱池龍王電舌龍王妙光龍王俱
從座起合掌恭敬白佛言世尊我亦有如意
寶珠陁羅尼能遮惡電除諸恐怖能於人天
為大利益哀愍世間擁護一切有大威力所
求如願乃至枉死悉皆遠離一切毒藥皆令止
息一切造作蠱道咒術不吉祥事悉令除滅
我今以此神咒奉獻世尊唯願哀愍慈悲
納受當令我等離此龍趣永捨慳貪何以故由
此慳貪於生死中受諸苦惱我等願斷慳貪
種子即說咒曰
怛姪他阿折　囇　　阿末囇阿蜜㗚帝

阿 離 裏 般豆蘊波尼裏莎訶
世尊若有善男子善女人口中說此陀羅尼明
呪或書經卷受持讀誦恭敬供養者終無
雷電霹靂及諸恐怖苦惱憂患乃至枉死
悉皆遠離所有毒藥蠱魅厭禱害人虎狼
師子毒蛇之類乃至蚊虻悉不為害
尒時世尊普告大衆善哉善哉此等神呪皆
有大力能隨衆生心所求事悉令圓滿為大
利益除不至心汝等勿疑時諸大衆聞佛
語已歡喜信受

金光明最勝王經大辯才天女品第十五

尒時大辯才天女於大衆中即從座起頂礼
佛足白佛言世尊若有法師說是金光明最

佛足白佛言世尊若有法師說是金光明最
勝王經者我當益其智慧具足莊嚴言說
之辯若彼法師於此經中文字句義所有忘
失皆令憶持能善開悟復與陀羅尼總持無礙
又此金光明最勝王經為彼有情已於百千
佛所種諸善根常受持者於贍部洲廣行
流布不速隱沒復令無量有情聞是經典皆得
不可思議捷利辯才無盡大慧善解眾論及
諸技術能出生死速趣無上正等菩提於現
世中增益壽命資身之具悉令圓滿世尊我
當為彼持經法師及餘有情於此經典樂聽
聞者說其呪藥洗浴之法彼人所有惡星災
變與初生時星屬相違疫病之苦鬪諍戰陣

法當取香藥三十二味所謂

菖蒲跋者　牛黃瞿盧折娜　苜蓿香塞畢力迦

麝香莫訶婆伽　雄黃末捺眵羅　合昏樹尸利灑

白及因達囉喝悉哆　芎藭闍莫迦　枸杞根苫弭

松脂室利薜瑟得迦　桂皮咄者　香附子目窣哆

沉香惡揭嚕　栴檀栴檀娜　零凌香多揭羅

丁子索瞿者　鬱金荼矩麼　婆律膏曷羅娑

葦香捺剌柂　竹黃鵝路戰娜　細豆蔻蘇泣迷羅

甘松苫弭哆　藿香鉢怛羅　茅根香嗢尸羅

叱脂薩洛計　艾納世黎也　安息香窶具攞

芥子薩利殺跛　馬芹葉婆你　龍花鬚那伽鷄薩羅

白膠薩折羅婆　青木矩瑟侘　皆等分

以布灑星日一處擣篩取其香末當以此呪

以布灑星日一處擣篩取其香末當以此呪
呪一百八遍呪曰
怛姪他蘇訖栗帝　訖栗帝訖栗帝
劫摩怛里　繕怒羯㘓滯
郝羯喇滯　因達囉闍利膩
鑠羯㘓滯　鉢設姪𪐏
阿代底羯細　計娜矩覩矩覩
脚迦鼻𪐏　劫鼻𪐏劫鼻𪐏
劫毗羅末底丁里　尸羅末底
那底度囉末底里　波代矩畔稚𪐏
室𪐏室𪐏　薩底悉體羝莎訶
若樂如法洗浴時　應作壇場方八肘
可於寂靜安隱處　念所求事不離心

於彼壇場四門所　四人守護法如常
令四童子好嚴身　各於一角持瓶水
於此常燒安樂香　五音之樂聲不絶
幡蓋莊嚴懸繒綵　安在壇場之四邊
復於場內置明鏡　利刀兼箭各四枚
於壇中心埋大盆　應以漏版安其上
用前香末以和湯　亦復安在於壇內
既作如斯布置已　然後誦呪結其壇
結界呪曰
怛姪他　頞喇計　娜也泥去　呬麗
弭麗　祇麗　企企麗　莎訶
如是結界已　方入於壇內　呪水三七遍　散灑於四方
次可呪香湯　滿一百八遍　四遍安幔障　然後洗浴身

如是結壇已　方入壇場內　呪水三七遍　散灑於四方
次可呪香湯滿一百八遍　四遍安幔障　然後洗浴身
呪水呪湯呪曰
怛姪他一　索揭智貞勵反下同二　毗揭智三　毗　揭
荼代底四　莎訶五
若洗浴訖其洗浴湯及壇場中供養飲食
棄河池內餘皆收攝如是浴已方著淨衣既
出壇場入淨室內呪師教其發弘誓願永斷衆
惡常脩諸善於諸有情興大悲心以是因緣
當獲无量隨心福報復說頌曰
若有病苦諸衆生　種種方藥治不差
若依如是洗浴法　并復讀誦斯經典
常於日夜念不散　專想慇勤生信心
所有患苦盡消除　解脫貧窮足財寶
[illegible]

次誦護身呪三七遍呪曰
怛姪他 三 謎 毗三謎 莎訶
索 揭 滯 毗揭滯 莎訶
毗 揭 荼(亭耶反) 代 底 莎訶
娑 揭 囉 三步多也 莎訶
塞 達 陁 摩多也 莎訶
尼 攞 達 侘 也 莎訶
阿 鉢 囉 市 哆 毗唎耶也 莎訶
呬 摩 般 哆 三步多也 莎訶
阿 你 蜜 攞 薄怛囉也 莎訶
南 謨 薄 伽 代 都 跋囉蚶(火)麼寫莎訶
南 謨 薩 囉 酸(蘇活) 底 莫訶提卑囊莎訶
悉甸覩湯(此云成就我某甲) 昜怛囉鉢梔莎訶

悉甸都漢某甲[illegible]昊怛嚕鉗揭莎訶
怛喇覩他姪哆　跋囉鉗(火合)摩祭覩莎訶
尒時大辯才天女說洗浴法壇場呪已前礼
佛足白佛言世尊若有苾芻苾芻尼鄔波
索迦鄔波斯迦受持讀誦書寫流布是妙經王
如說行者若在城邑聚落曠野山林僧尼住
處我為是人將諸眷屬作天伎樂來詣其所
而為擁護除諸病苦流星變怪疫疾鬪諍王
法所拘惡夢惡神為障礙者蠱道厭術悉
皆除殄饒益是等持經之人苾芻等衆及諸
聽者皆令速渡生死大海不退菩提
尒時世尊聞是說已讚辯才天女言善哉善
哉天女汝能安樂利益无量无邊有情說此
神呪及以香水壇場法式果報難思汝當擁

尒時法師授記憍陳如婆羅門承佛威力於
大衆前讚請辯才天女曰
聰明勇進辯才天　人天供養悉應受
名聞世間遍充滿　能與一切衆生願
依高山頂勝住處　葺茅為室在中居
恒結耎草以為衣　在處常翹於一足
諸天大衆皆來集　咸同一心申讚請
唯願智慧辯才天　以妙言詞施一切
尒時辯才天女即便受請為說呪曰
怛姪他慕曬只曬　阿伐帝阿伐吒伐底
馨遏黎名具黎　名具羅伐底
鴦具師末唎只三末底　毘三末底惡近入唎
莫近唎怛囉只　怛囉者伐底

莫近唎怛囉只 怛囉者代底
質質哩室里蜜里 末難地曇去
末唎只 八囉拏畢唎㝘
盧迦逝瑟跐丑世反 盧迦失囉瑟恥
盧迦畢唎㝘 悉䭾跋唎帝
毗麼目企輊利反 輸只折唎
阿鉢唎底唱啼 阿鉢唎底唱哆勃地
喃毋只喃毋只 莫訶提鼻
鉢喇底近入唎昏大恨拏上 南摩塞迦囉
我其甲勃地 達哩奢四
勃地阿鉢唎底唱哆 婆上䟦覩
市婆誰毗輸婭覩 舍悉怛囉輸路迦
曇怛囉畢掲迦 迦婢耶地數

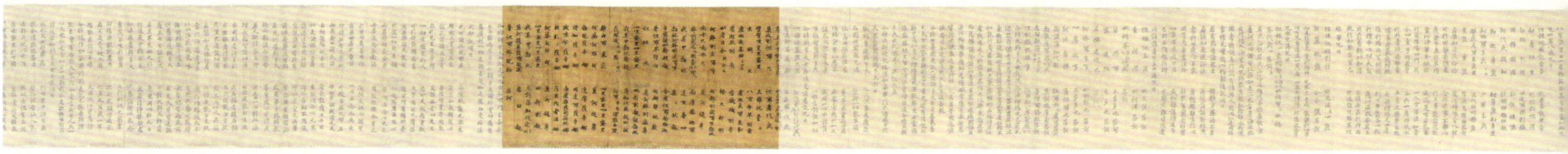

我其甲勃地輸提　薄伽伐點提毗跛
薩囉酸蘇活點丁皎反　稱囉魯家滯雞由黧
雞由囉末底　呬里蜜里呬里蜜里
阿婆訶耶須　莫訶提鼻
勃随薩帝娜　達摩薩帝娜
僧伽薩帝娜　因達囉薩帝娜
跋嘍婷薩帝娜　襄盧雞薩底婆地娜
毡釤引薩帝娜　薩底代者泥娜
阿婆訶耶須　莫訶提鼻
呬里蜜里呬里蜜里　毗折喇覩
我其甲勃地　奧託薄伽伐底丁利
莫訶提鼻薩囉酸底　悉甸覩
曇怛囉鉢随弥　莎訶

曇怛囉鉢陁弥　莎訶
尒時辯才天女說是呪已告婆羅門言善哉
大士能為衆生求妙辯才及諸珍寶神通智
慧廣利一切速證菩提如是應知受持法
式即說頌曰
先可誦此陁羅尼　令使純熟无謬失
歸敬三寶諸天衆　請求加護願隨心
敬礼諸佛及法寶　菩薩獨覺聲聞衆
次礼梵王并帝釋　及護世者四天王
一切常脩梵行人　悉可至誠慇重敬
可於寂靜蘭若處　大聲誦前呪讚法
應在佛像天龍前　隨其所有脩供養
於彼一切衆生類　發起慈悲哀愍心

於其句義善思惟　復依空性而脩習
應在世尊形像前　一心正念而安坐
即得妙智三摩地　并獲最勝陁羅尼
如來金口演說法　妙響調伏諸人天
舌相隨緣現希有　廣長能覆三千界
如是諸佛妙音聲　至誠憶念心无累
諸佛皆由發弘願　得此舌相不思議
宣說諸法皆非有　譬如虛空无所著
諸佛音聲及舌相　繫念思量願圓滿
若見供養辯才天　或見弟子隨師教
授此秘法令脩學　尊重隨心皆得成
若人欲得最上智　應當一心持此法
增長福智諸功德　必定成就勿生疑

增長福智諸功德　必定成就勿生疑
若求財者得多財　求名稱者獲名稱
求出離者得解脫　必定成就勿生疑
无量无邊諸功德　隨其内心之所願
若能如是依行者　必得成就勿生疑
當於淨處著淨衣　應作壇場隨大小
以四淨瓶成美味　香花供養可隨時
懸諸繒綵并幡蓋　塗香粖香遍嚴飾
供養佛及辯才天　求見天身皆遂願
應三七日誦前呪　可對大辯天神前
若其不見此天神　應更用心經九日
於後夜中猶不見　更求清淨勝妙處
如法應畫辯才天　供養誦持心无捨

若不遂意 經三月　六月九月或一年
慇勤求請心不移　天眼他心皆悉得
尒時憍陳如婆羅門聞是說已歡喜踊躍
歎未曾有告諸大衆作如是言汝等人天一
切大衆如是當知皆一心聽我今更欲依世諦法
讚彼勝妙辯才天女即說頌曰
敬礼天女那羅延　於世界中得自在
我今讚歎彼尊者　皆如往昔仙人說
吉祥成就心安隱　聰明慚愧有名聞
為母能生於世間　勇猛常行大精進
於軍陣處戰恒勝　長養調伏心慈忍
現為閻羅之長姉　常著青色野蠶衣
好醜容儀皆具有　眼目能令見者怖

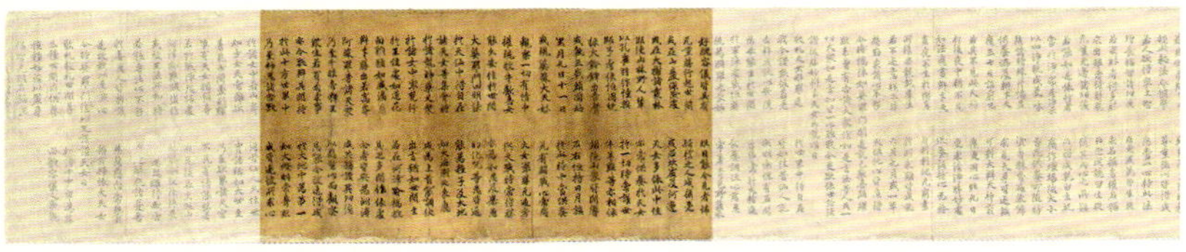

好醜容儀皆具有　眼目能令見者怖
无量勝行起世間　歸信之人咸攝受
或在山巖深險處　或居坎窟及河邊
或在大樹諸叢林　天女多依此中住
假使山林野人輩　亦常供養於天女
以孔雀羽作幢旗　於一切時常護世
師子虎狼恒圍繞　牛羊雞等亦相依
振大鈴鐸出音聲　頻陁山衆皆聞響
或執三戟頭圓髻　左右恒持日月旗
黑月九日十一日　於此時中當供養
或現婆蘇大天妹　見有鬬戰心常愍
觀察一切有情中　天女最勝无過者
權現牧牛歡喜女　與天戰時常得勝

於天仙中得自在　能為種子及大地
諸天女等集會時　如大海潮必來應
於諸龍神藥叉衆　咸為上首能調伏
於諸女中最梵行　出言猶如世間主
於王住處如蓮花　若在河津喻橋栰
面貌猶如盛滿月　具足多聞作依處
辯才勝出若高峯　念者皆與為洲渚
阿蘇羅等諸天衆　咸共稱讚其功德
乃至千眼帝釋王　以殷重心而觀察
衆生若有希求事　悉能令彼速得成
亦令聰辯具聞持　於大地中為第一
於此十方世界中　如大燈明常普照
乃至神鬼諸禽獸　咸皆遂彼所求心

乃至神鬼諸禽獸　咸皆遂彼所求心
於諸女中若山峯　同昔仙人久住世
如少女天常離欲　實語猶如大世主
普見世間差別類　乃至欲界諸天宮
唯有天女獨稱尊　不見有情能勝者
若於戰陣恐怖處　或見墮在火坑中
河津險難賊盜時　亦能令彼除怖畏
或被王法所枷縛　為怨讎行殺害
若能專注心不移　必定解脫諸憂苦
於善惡人皆擁護　慈悲愍念常現前
是故我以至誠心　稽首歸依大天女
尒時婆羅門復以呪讚讚天女曰
敬礼敬礼世間尊　於諸母中冣爲勝

福智光明名稱滿

BD00268 延壽命經（大本）

BD00268v-1 題記

BD00268v-2 延壽命經外題

145.5cm × 25.5cm

（4–1）

佛説延壽命經

尒時世尊在娑羅雙樹間臨般涅槃有
四衆比丘比丘尼優婆塞優婆夷等皆
來集會有一菩薩名曰延壽胡跪合掌
前白佛言世尊我等四衆皆來集會奉
請如來莫入涅槃唯願如來哀受我等
勸請令住一劫莫入涅槃
尒時世尊告延壽菩薩汝等諦聽吾當
為汝分別解說吾從成佛已來經今四
十九年教化衆生上至飛鳥下至蟻子
蠢動含識有形無形四足兩足多足无
足胎卵濕化如是衆生盡令遇善知識
而登正覺與我無異吾今欲入涅槃本
為波旬所請波旬告我言瞿曇三界衆

爲波旬所請波旬告我言瞿曇三界衆
生盡受生死瞿曇今日若住一劫違我本
願尒時我受波旬所請而入涅槃我違
波旬豈是諸佛逮壽菩薩白佛言世
尊波旬外道生毒害心請佛涅槃擬爲
三界之主一切衆生盡入魔網无有休
息從生死至生死從煩惱至煩惱常與
魔爲眷屬不遇正法又死入地獄千劫
万劫常無光明刀輪鑊湯銅蛇鐵狗牛
頸獄車手如鋒刀利如霜雪終朝竟日
共相擲撥揬怖無熱无救藏隱不聞父
母三寶名字一日之中千生万死生從
地獄出復受種種諸惡畜生身或作駱

人世貧窮下賤無人所使衣不蓋形人
不充口或有富貴而無男女或有貧窮而
多子息或有衆生惡病在床痿黄困篤
連年累月形消肉盡惡瘡膿血遍體常
流人所惡賤或受盲聾瘖瘂或百歲
不死受苦或三十富貴早亡如是攝羅
其殃並入魔網唯願如來令住一劫莫
受彼句所請
佛告延壽菩薩善男子我滅度後若有
衆生受如是種種惡報但造延壽經一
百卷乃至一卷兩卷譬如一人有力不如
十人之力十人之力不如百人若造延
壽經亦復如是但造此經散轉與人
受持讀誦我當救護譬如慈母生一子
子若得見慈母子若得見慈母亦

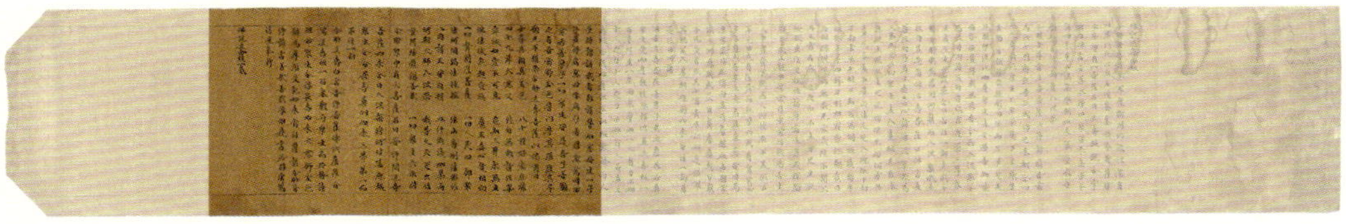

受持讀誦我當救護譬如慈母生一子
子若得病慈母亦病子若得愈慈母亦
愈若善男子一切衆生皆是吾子善願
之者吾當錫金色譬以摩其頂隨其本
願无不獲果尒時延壽菩薩以偈讚曰
世尊具相真金色　八十種好悲莊嚴
四十九年大慈父　彼旬無故請涅槃
寂滅如空不可見　忽知三界永無生
佛法滅忽起災殃　魔王毒心覺相向
一切聲聞及菩薩　一切人民四部衆
法河涸竭法幢摧　法山崩倒法船破
八國諸王皆自撲　血汗流溢如果雨
何期大師入涅槃　我等凡夫更久住

菩薩如來今日入涅槃將何付囑惡趣
衆生令命長壽莫似如來三界第一而
不住一劫
尒時延壽白言善淨菩薩佛滅度後今
寫延壽經一百卷散与衆生而共轉讀
短命衆生令得長壽如來大慈歸金色
髀爲摩頂受記如來當自覆護尒時善
淨讚言善哉善哉汝如是言必不虛爲
信受奉行
佛說延命經一卷

BD00268　延壽命經（大本）

佛說延命經一卷

BD00268　延壽命經（大本）

化記 癸未年三月廿日王章遁叅遷化記

癸未年五月五日王長盈見 壬午年五曲月七日王弄成遷

BD00268v-1　題記

BD00268v-2　延壽命經外題

BD00269-1 四分律比丘戒本

（後秦）佛陀耶舍 譯

（唐）懷素 集

BD00269-2 小鈔

BD00269v-1 小鈔補記

BD00269v-2 四分律比丘戒本補記

275cm × 26.4cm

若比[illegible]
是處住三衣中欲留一一置舍內諸比丘有因緣離衣宿[illegible]
過者尼薩耆波逸提
若比丘知是僧物自求入已者尼薩耆波逸提　諸大德我已說三十
尼薩耆波逸提法今問諸大德是中清淨不　三說　諸大德是中清淨
默然故是事如是持　諸大德是九十波逸提法半月半月說戒經中來
若比丘知而妄語者波逸提　若比丘種類毀呰語者波逸提　若比丘兩
舌語者波逸提　若比丘與婦女同室宿者波逸提　若比丘與未受大
戒人共宿過二宿至三宿者波逸提　若比丘與未受大戒人共誦者波
逸提　若比丘知他有麤惡罪向未受大戒人說除僧羯磨波逸提
若比丘向未受大戒人說過人法言我見是我知是實者者波逸提
若比丘與女人說法過五六語除有知男子波逸提　若比丘自手掘地若
教人掘者波逸提　一十　若比丘壞鬼神村者波逸提　若比丘妄作異語
惱他者波逸提　若比丘嫌罵者波逸提　若比丘取僧繩牀木牀若臥
具坐褥露地敷若教人敷捨去不自舉不教人舉者波逸提
若比丘於僧房舍中敷僧臥具若自敷若教人敷若坐若臥去時不自
舉不教人舉者波逸提　若比丘知先比丘住後處來强於中間敷臥具止
宿念言彼若嫌迮者自當避我去作如是因緣非餘非威儀波逸提
若比丘瞋他比丘不喜僧房中若自牽出教他牽出波逸提
若比丘若房若重閣上脫脚若繩牀木牀若坐若臥波逸提

若比丘知水有蟲若澆泥若澆草若教人澆者波逸提　若比丘作大房
舍戶扉窗牖及餘莊飾具指授覆苫齊二三節若過者波逸提 二十
若比丘僧不差教誡比丘尼者波逸提　若比丘為僧差教授比丘尼乃至日
暮者波逸提　若比丘語諸比丘作如是語比丘為飲食故教授比丘尼者
波逸提　若比丘與非親里比丘尼衣除貿易波逸提　若比丘與非親里
比丘尼作衣者波逸提　若比丘與比丘尼在屏處坐者波逸提
若比丘與比丘尼共期同一道行從一村乃至村除異時波逸提異時者與估客
行若疑畏怖時是謂時　若比丘與比丘尼共期同乘一船上水下水除
直渡者波逸提　若比丘知比丘尼讚歎教化因緣得食食除檀越先
意者波逸提　若比丘與婦女共期同一道行乃至村間波逸提 三十
若施一食處无病比丘應一食若過受者波逸提　若比丘展轉食除
餘時波逸提餘時者病時施衣時是謂餘時　若比丘別眾食除餘時
波逸提餘時者病時作衣時施衣時道行時乘船時大眾集時沙門
施食時此是時　若比丘至白衣家請比丘與餅麨飯若比丘欲須者當
取二三鉢受還至僧伽藍中應分與餘比丘食若比丘无病過兩三鉢
受還至僧伽藍中不分與餘比丘食者波逸提　若比丘足食竟或時
受請不作餘食法而食者波逸提　若比丘知他比丘足食已若受請不
作餘食法殷勤請與食長老取是食以是因緣非餘欲使他犯波逸提
若比丘非時受食食者波逸提　若比丘殘宿食而食者波逸提

若比丘非時受食食者波逸提　若比丘殘宿食而食者波逸提
若比丘不受食若藥著口中除水及楊枝波逸提　若得好美飲食
乳酪及魚肉若比丘如此美飲食無病自為己索者波逸提 卌　若比丘外
道男外道女自手與食者波逸提　若比丘先受請已前食後食詣餘
家不囑授餘比丘除餘時波逸提餘時者病時作衣時施衣時是謂時
若比丘在食家中有寶強安坐者波逸提　若比丘食家中有寶在屏
處坐者波逸提　若比丘獨與女人露地坐者波逸提　若比丘語餘比丘
作如是語大德共至聚落當與汝食彼比丘竟不教與是比丘食語言
汝去我與汝一處若坐若語不樂我獨坐獨語樂以此因緣非餘方便
遣去者波逸提　若比丘請比丘四月與藥無病比丘應受若過受除
常請更請分請盡形壽請波逸提　若比丘往觀軍陣除時因緣波逸提
若比丘有因緣聽至軍中二宿三宿過者波逸提　若比丘二宿三宿軍中
住或時觀軍陣鬪戰若觀遊軍象馬力勢者波逸提 五十　若比丘飲酒
者波逸提　若比丘水中戲嬉者波逸提　若比丘以指相擊攊者波逸提
若比丘不受諫者波逸提　若比丘恐怖他比丘者波逸提　若比丘半月洗浴
無病比丘應受不得過除餘時波逸提餘時者熱時病時作時風時雨
時道行時此是餘時　若比丘無病自為炙身故在露地然火若教人
然除時因緣波逸提　若比丘藏他比丘衣鉢坐具針筒若自藏教人藏
下至戲笑者波逸提　若比丘與比丘尼式叉摩那沙彌沙彌尼衣後不語
主還取著者波逸提　若比丘得新衣應作三種壞色一一色中隨意壞

若青若黑若木蘭若比丘不以三種壞色若青若黑若木蘭著餘新衣者
波逸提 六十 若比丘故殺畜生命者波逸提 若比丘知水有蟲飲用者波逸提
若比丘故惱他比丘令須臾間不樂者波逸提 若比丘知他比丘犯麁惡罪覆
藏者波逸提 若比丘年滿廿應受大戒若比丘知年不滿廿與受大戒此人
不得戒彼比丘可呵癡故波逸提 若比丘知諍事起如法懺悔已後更發
舉者波逸提 若比丘知賊伴結要共同道行乃至村間波逸提
若比丘作如是語我知佛所說法行婬欲非障道法彼比丘諫此比丘言大德
莫作是語莫謗世尊謗世尊者不善世尊不作是語世尊無數方便說
犯婬欲者是障道法彼比丘諫此比丘時堅持不捨彼比丘乃至三諫捨
此事故若再三諫捨者善不捨者波逸提 若比丘知如是語人未作
法如是邪見而不捨供給所須共同羯磨止宿言語者波逸提
若比丘知沙弥作如是語我從佛聞法若行婬欲非障道法彼比丘諫
此沙弥如是言汝莫誹謗世尊謗世尊者不善世尊不作是語沙弥
世尊無數方便說婬欲是障道法彼比丘諫此沙弥時堅持不捨彼
比丘應乃至再三呵諫令捨此事故乃至三諫捨者善不捨者彼比丘應
語彼沙弥言汝自今已去不得言佛是我世尊不得隨逐餘比丘如諸
沙弥得與比丘二三宿汝今無是事汝出去滅不應住此 若比丘知如是
衆中被擯沙弥而誘將畜養共止宿者波逸提 七十 若比丘餘比丘如法諫
時作如是語我今不學此戒當難問餘智慧持律比丘者波逸提若爲
知爲學故應難問 [illegible]

時作如是語我今不學此戒當難問餘智慧持律比丘者波逸提若爲
知爲學故應難問 若比丘說戒時作如是語大德何用說是雜碎戒
爲說是戒時令人惱愢懷疑輕呵戒故波逸提 若比丘說戒時作如
是語我今始知此法戒經所載半月半月說戒經中來餘比丘知是比丘
若二若三說戒中坐何況多彼比丘无知无解若犯罪應如法治更重增
无知罪語言長老汝无利不善得汝說戒時不用心念不一心兩耳聽法
彼无知故波逸提 若比丘共同羯磨已後如是言諸比丘隨親厚以衆
僧物與者波逸提 若比丘衆僧斷事未竟不與欲而起去波逸提
若比丘與欲已後悔者波逸提 若比丘共比丘鬪諍已聽此語向彼說
者波逸提 若比丘瞋恚故不喜打比丘者波逸提 若比丘瞋恚故不
喜以手搏比丘者波逸提 若比丘瞋恚故以无根僧伽婆尸沙謗者
波逸提八十 若比丘刹利水澆頭王種王未出未藏寶而入若過宮門閾
者波逸提 若比丘若寶及寶莊飾具自捉若教人捉除僧伽藍中
及寄宿處波逸提 若比丘在僧伽藍中若寄宿處捉寶若以寶
莊飾自捉教人捉當作是意若有主識者當取作如是因緣非餘若
比丘非時入聚落不屬餘比丘者波逸提 若比丘作繩床木床足應高
如來八指除入陛孔上截竟若過者波逸提 若比丘作兜羅綿貯繩
床木床大小蓐成者波逸提 若比丘作骨牙角針筒刳刮者波逸提
若比丘作尼師檀當應作是中量者長佛二磔手廣一磔手半更增廣長各

半搩手若過裁竟波逸提　若比丘作覆瘡衣當應量作是中量者長
佛四搩手廣二搩手裁竟過者波逸提　若比丘作雨浴衣當應量作是
中量者長佛六搩手廣二搩手半過者裁竟波逸提　若比丘與如來等量作衣或
過量作者波逸提是中如來衣量者長佛十搩手廣六搩手是謂如來衣
量十九　諸大德我已說九十波逸提法今問諸大德是中清淨不　三說
諸大德是中清淨默然故是事如是持　諸大德是四波羅提提舍尼法
半月半月說戒經中來　若比丘入村中從非親里比丘尼若無病自手取食
食者是比丘應向餘比丘悔過言大德我犯可呵法所不應為我今向大德
悔過是法名悔過法　若比丘至白衣家內食是中有比丘尼指示與某甲
羹與某甲飯比丘應語彼比丘尼如是言大姊且止須比丘食竟若無一比丘
語彼比丘尼如是言大姊且止須比丘食竟者是比丘應向餘比丘悔過言大
德我犯可呵法所不應為我今向大德悔過是法名悔過法
若比丘先作學家羯磨若比丘於如是學家先不請無病自手受食食
者應向餘比丘悔過言大德我犯可呵法所不應為我今向大德悔過是法
名悔過法　若比丘在阿蘭若迥遠有疑恐怖處若比丘在如是阿蘭若
處住先不語檀越若僧伽藍外不受食在僧伽藍內無病自手受食食
者是比丘應向餘比丘悔過言大德我犯可呵法所不應為我今向大德
悔過是法名悔過法　諸大德我已說四波羅提提舍尼法今問諸大德
是中清淨不　三說　諸大德是中清淨默然故是事如是持　諸大德是眾

是中清淨不三說 諸大德是中清淨默然故是事如是持 諸大德是衆
學戒法半月半月說戒經中來 當齊整著涅槃僧應當學
當齊整著三衣應當學 不得反抄衣行入白衣舍應當學 不得反抄衣
入白衣舍坐應當學 不得衣纏頸入白衣舍應學 不得衣纏頸入白衣舍坐
應當學 不得覆頭入白衣舍應當學 不得覆頭入白衣舍坐應當學
不得跳行入白衣舍應當學 不得跳行入白衣舍坐應當學十 不得白衣
舍內蹲坐應當學 不得叉腰行入白衣舍應當學 不得叉腰入行白衣
舍坐應當學 不得搖身行入白衣舍應當學 不得搖身行入白衣
舍坐應當學 不得掉臂行入白衣舍應當學 不得掉臂行入白衣舍坐應當學
好覆身入白衣舍應當學 好覆身入白衣舍坐應應當學 不得左右顧視
行入白衣舍應當學十七 不得左右顧視行入白衣坐應當學 靜默入白衣舍
應當學 靜默入白衣舍坐應當學 不得戲笑行入白衣應當學
不得戲笑行入白衣坐應當學 用意受食應當學 平鉢受食應當學
平鉢受羹應當學 羹飯等食應當學 以次受食應當學三十
不得挑鉢中而食應當學 若比丘無病不得為已索羹飯應當學
不得以飯覆羹更望得應當學 不得視比坐鉢中應當學
當繫鉢想食應當學 不得大摶飯食應當學 不得大張口待飯食應當學
不得含飯語應當學 不得摶飯遙擲口中應當學 不得遺落飯食應當學
四十不得頰食食應當學 不得嚼飯作聲食應當學 不得大噏食應當學

不得舌舐食應當學　不得振手食應當學　不得手把散飯食應當學
不得汙手捉飲器應當學　不得洗鉢水棄白衣舍內應當學
不得生草菜上大小便涕唾除病應當學　不得淨水中大小便涕唾除病應當學
十五不得立大小便除病應當學　不得與反抄衣不恭敬人說法除病應當學
不得為衣纏頸者說法除病應當學　不得為覆頭者說法除病應當學
不得為裹頭者說法除病應當學　不得為叉腰者說法除病應當學
不得為著革屣者說法除病應當學　不得為著木屐者說法除病應當學
不得為騎乘者說法除病應當學　不得在佛塔止宿除為守護故應當學十六
不得藏財物置佛塔除為堅牢故應當學　不得著革屣入佛塔中應當學
不得手捉革屣入佛塔中應當學　不得著革屣繞佛塔行應當學
不得著富羅入佛塔中應當學　不得手捉富羅入佛塔中應當學
不得塔下坐食留草及食汙地應當學　不得擔死屍從塔下過應當學
不得塔下埋死屍應當學　不得佛塔下燒死屍應當學十七　不得向塔燒死屍應
當學　不得佛塔四邊燒死屍使臭氣來入應當學　不得持死人衣及床
從塔下過除浣染香熏應當學　不得佛塔下大小便應當學
不得向佛塔大小便應當學　不得繞佛塔四邊大小便使臭氣來入應當學
不得持佛像至大小便處應當學　不得在佛塔下嚼楊枝應當學
不得向佛塔嚼楊枝應當學　不得佛塔四邊嚼楊枝應當學十八
不得在佛塔下涕唾應當學　不得向佛塔涕唾應當學

不得在佛塔下涕唾應當學　不得向佛塔涕唾應當學
不得佛塔四邊涕唾應當學　不得向佛塔舒脚坐應當學　不得安佛塔
在下房已在上房住應當學　人坐已立不得為說法除病應當學
人卧已坐不得為說法除病應當學　人在坐已在非坐不得為說法除病應當學
人在高坐已在下坐不得為說法除病應當學　人在前行已在後行不得為說法
除病應當學九十　人在高經行處已在下經行處不應為說法除病應當學
人在道已在非道不應為說法除病應當學　不得携手在道行應當學
不得上樹過人頭除時因緣應當學　不得絡囊盛鉢貫杖頭著肩上而行
應當學　人持杖不恭敬不應為說法除病應當學　人持劍不應為說法
除病應當學　人持鉾不應為說法除病應當學　人持刀不應為說法除
病應當學　人持蓋不應為說法除病應當學一百　諸大德我已說衆學
戒法今問諸大德是中清淨不三說　諸大德是中清淨默然故是事如是持
諸大德是七滅諍法半月半月說戒經中來　若比丘有諍事起即應除滅
應與現前毗尼　當與現前毗尼　應與憶念毗尼　當與憶念毗尼
應與不癡毗尼　當與不癡毗尼　應與自言治　當與自言治
應與多人語　當與多人語　應與覓罪相　當與覓罪相　應與如草覆地
當與如草覆地　諸大德我已說七滅諍法今問諸大德是中清淨不三說
諸大德是中清淨默然故是事如是持　諸大德我已說戒經序已說四波羅

戒法已說十三僧伽婆尸沙法已說二定法已說十尼薩耆波逸提法已說九十
波逸提法已說四波羅提提舍尼法已說衆學戒法已說七滅諍法此是佛
所說半月半月說戒經中來若更有餘佛法是中皆共和合應當學
忍辱第一道　佛說无為最　出家惱他人　不名為沙門　此是毗婆尸如來无所著
等正覺說是戒經　譬如明眼人　能避險惡道　世有聰明人　能遠離諸惡
此是尸棄如來无所著等正覺說是戒經　不謗亦不嫉　當奉行於戒
飲食知止足　常樂在空閑　心定樂精進　是名諸佛教　此是毗葉羅如來无
所著等正覺說是戒經　譬如蜂採花　不壞色與香　但取其味去　比丘入聚然
不違戾他事　不觀作不作　但自觀身行　若正若不正　此是拘留孫如來无
所著等正覺說是戒經　心莫作放逸　聖法當勤學　如是无憂愁
心定入涅槃　此是拘那含牟尼如來无所著等正覺說是戒經
一切惡莫作　當奉行諸善　自淨其志意　是則諸佛教　此是迦葉如來
无所著等正覺說是戒經　善護於口言　自淨其志意　身莫作諸惡
此三業道淨　能得如是行　是大仙人道　此是釋迦牟尼如來无所著
等正覺於十二年中為無事僧說是戒經從此已後廣分別說諸比丘自為
樂法樂沙門者有慚有愧樂學戒者當於中學
明人能護戒　能得三種樂　名譽及利養　死得生天上　當觀如是處　有智勤護戒
戒淨有智慧　便得第一道　如過去諸佛　及以未來者　現在諸世尊　能勝一切憂
皆共尊敬戒　此是諸佛法　若有自為身　欲求於佛道　當尊重正法　此是諸佛教

皆共尊敬戒　此是諸佛法　若有自爲身　欲求於佛道　當尊重正法　此是諸佛教
七佛爲世尊　滅除諸結使　說是七戒經　諸縛得解脫　已入於涅槃　諸戲永滅盡
尊行大仙說　聖賢稱譽戒　弟子之所行　入寂滅涅槃　世尊涅槃時　興起於大悲
集諸比丘衆　與如是教戒　莫謂我涅槃　淨行者无護　我今說戒經　亦善說毗尼
我雖般涅槃　當視如世尊　此經久住世　佛法得熾盛　以是熾盛故　得入於涅槃
若不持此戒　如所應布薩　喻如日沒時　世界皆闇冥　當護持是戒　如犛牛愛尾
和合一處坐　如佛之所說　我已說戒經　衆僧布薩竟　我今說戒經　所說諸功德
施一切衆生　皆共成佛道　四分戒本

小鈔一卷

凡欲發起先知教至歸三藏之中何藏所攝　一脩多羅藏 此云經藏　二毗柰耶藏
此云律藏　三阿毗達磨藏 此云論藏　今此三藏之中是毗尼藏所攝　律有四名一名爲
戒 若就教釋防非　若就行解止惡爲戒　又單釋防非止惡名之爲戒　二名爲律 若就教釋詮量輕重以之爲律　若就行釋調伏對鎮以之爲律　又單釋詮量輕
重決斷是非名之爲律　三名波羅提木叉 此云梵語唐言別別解脫戒　若就教釋此是解縛之法　依而出家者脫羈无导在在處處身心无爲故云彼彼解脫
若就行釋縛絕之心念念之中能離煩惱故云彼彼解脫　又釋斷絕羈縛念念離塵故名爲木叉　四名毗尼 此云梵語唐言除滅　若就教釋此法能殄息諍論故名爲
滅　若就行釋斷除生死苦盡爲恢泊故名爲滅　除生死盡苦因故云毗尼　此是毗尼藏世尊在世親自宣傳
臨涅槃時以此律藏付囑優波離　滅度付囑摩訶迦葉　涅槃付囑
阿難　阿難滅度付囑商那和脩　涅槃付囑優波毱多　已上五大師
佛法皆同一味　後毱多有五弟子各競見生異見　遂分爲五

一名薩婆多即是十誦律主是也　二名曇無德即四分律主是也
三名弥沙塞即是五分律主是也　四名婆麁富那即僧祇律主是也
五名迦葉推亦名迦葉毗律々本未來漢地也　今此四分律主即曇無德
部是此是梵語唐言法正部也　得戒有十種　一自然得戒唯佛
二自誓得戒謂大迦葉　三見諦得戒謂五俱輪等五比丘　四善來得
戒謂耶舍等　五三語得戒謂佛在世未制戒前但受三歸即得具足
六問荅得戒謂須陀耶沙弥年始七歲佛問其義一々且荅稱可聖心便
發具足　七八敬得戒謂大愛道從阿難聞八法已歡喜頂受便發具
足八敬者　百[illegible]舉授儀請安自　八遣使得戒謂半迦尸尼有其難
緣差使乞戒[illegible]得戒謂十僧作法　十邊方五人授戒
已前九[illegible]羅現未須知作
法　問[illegible]
一年滿[illegible]
五羯磨[illegible]
若一[illegible]
三[illegible]

BD00269v−1　小鈔補記　BD00269v−2　四分律比丘戒本補記

BD00270 七階佛名經

（隋）信行 撰

352.2cm × 28cm

[illegible]佛　南无寶[illegible]
南无虛空寶華光佛　南无寶琉[illegible]
南无普現色身光佛　南无不動智[illegible]
南无降伏諸魔王佛　南无財光明佛
南无智慧勝佛　南无弥勒仙光佛
南无世靜光佛　南无善寂月音妙尊智王佛
南无龍種上尊王佛　南无日月光佛
南无日月珠光佛　南无慧幢勝王佛
南无師子吼自在力王佛　南无妙音勝佛
南无常光幢佛　南无觀世燈佛
南无慧威燈王佛　南无法勝王佛
南无須弥光佛　南无須曼那華光佛
[illegible]

南无財光佛　南无金海光佛
南无山海慧自在通王佛　南无大通光佛
南无一切法常滿王佛乃是過去久遠舊住娑婆世界成熟衆生而般涅槃若有善男子善女人及餘一切衆生得聞是五十三佛名者是人於百千万億阿僧祇劫不墮惡道若復有人能至心敬礼五十三佛者除滅四重五逆及謗方等經皆悉清淨以是諸佛本誓願故於念念中即得除滅如上諸罪
南无東方善德如来十方佛等一切諸佛
南无拘那提如来賢劫千佛等一切諸佛
南无釋迦牟尼如来三十五佛等一切諸佛
南无釋迦牟尼佛　南无金剛不壞佛
南无寶光佛　南无龍尊王佛
南无精進軍佛　南无精進喜佛
南无寶火佛　南无寶月光佛
南无現无愚佛　南无寶月佛

南无寶火佛　南无寶月光佛
南无現无愚佛　南无寶月佛
南无無垢佛　南无離垢佛
南无勇施佛　南无清淨佛
南无清淨施佛　南无婆留那佛
南无水天佛　南无堅德佛
南无旃檀功德佛　南无無量掬光佛
南无光德佛　南无無憂德佛
南无那羅延佛　南无功德華佛
南无蓮華光遊戲神通佛　南无財功德佛
南无德念佛　南无善名稱功德佛
南无紅炎幢王佛　南无善遊步功德佛
南无鬪戰勝佛　南无善遊步佛
南无周匝莊嚴功德佛　南无寶華遊步佛

藥王藥上經空有其目而无名号此卅五佛名出決定毗尼經
已上七階佛依藥王藥上經文次第已下列依餘部經等疏出

南无東方阿閦如來一万五千佛等一切諸佛
南无寶集如來廿五佛等一切諸佛
南无寶集佛　南无寶勝佛
南无成就盧舍那佛　南无盧舍那鏡像佛
南无盧舍那光明佛　南无不動佛
南无大光明佛　南无無量聲如來 三礼
南无阿弥陁劬沙佛　南无大稱佛
南无寶光明佛　南无得大無畏佛
南无然燈大佛　南无寶聲佛
南无無邊無垢佛　南无日聲佛
南无无邊稱佛　南无日月光明世尊 三稱
南无無垢光明佛　南无清淨光明佛

南无無垢光明佛　南无清淨光明佛
南无日光明佛　南无無邊寶佛
南无華勝佛　南无妙身佛
南无法光明清淨開敷蓮華佛　此廿五佛出佛名經第八卷
南无虛空功德清淨微塵等目端正功德相光
明華波頭摩瑠璃光寶體香最上香供養
訖種種莊嚴頂髻无量无邊日月光明願力
莊嚴變化莊嚴法界出生无障㝵王如來
若善男子善女人犯四重五逆誹謗三寶及犯四波羅夷
是人罪重假使如閻浮提地塵為微塵一一微塵成於一劫是
人有若干劫罪稱是一佛名号礼拜悉得消滅況復
晝夜受持讀誦憶念不忘者是人功德不可思議
南无豪相日月光明華寶蓮華堅如金剛身
毗盧遮那无障㝵眼圓滿十方放光照一切
佛剎相王如來　此二佛名号出十二佛名神呪校量功德除障滅罪經

諸世尊當慈念我當憶念我證知我若我
此生若我前生從无始生死已来所作衆罪
若自作若教他作見作隨喜若塔若僧若
四方僧物若自取若教人取見取隨喜或作
五逆无間重罪若自作若教他作見作隨喜
十不善道自作教他見作隨喜所作罪障或
有覆藏或不覆藏應墮地獄餓鬼畜生及
諸悪趣邊地下賤及弥戾車如是等處所
作罪障今皆懺悔
今諸佛世尊當證知我當憶念我我復於
諸佛世尊前作如是言若我此生若於餘生曾
行布施或守淨戒乃至施與畜生一揣之食 或
脩淨行所有善根成就衆生所有善根脩

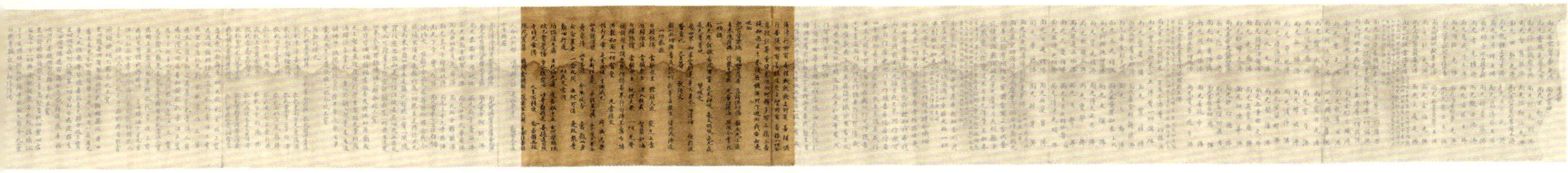

脩淨行所有善根成就衆生所有善根脩
行菩提所有善根及无上智所有善根一切合
集挍計籌量皆悉迴向阿耨多羅三藐三菩
提如過去未來現在諸佛所作迴向我亦如是
迴向
衆罪皆懺悔　諸福盡隨喜　及請佛功德　願成无上道
去來現在佛　於衆生最勝　无量功德海　歸依合掌礼
一切誦
南无摩訶般若波羅蜜　是大神呪　是大明呪　是无上呪
是无等等呪　梵唄文
處世界　如虛空如蓮華不著水　心清淨　超於彼
稽首礼　无上尊　說偈文
願以此功德　普及於一切　我等与衆生　皆共成佛道

自歸依法　當願衆生　深入經藏　智慧如海

自歸依僧　當願衆生　統理大衆　一切无㝵

願諸衆生諸惡莫作諸善奉行自淨其意示諸

佛教和南一切賢聖　无常偈文

諸行无常　是生滅法　生滅滅已　寂滅爲樂

如来證涅槃　永斷於生死　若能至心聽　常愛无量樂

黄昏偈　此日已過　命漸減少　當觀此身

念念衰老　一念之間　云何可保　是故衆等

勤心行道　初夜无常偈

煩惱深无底　生死海无邊　度苦船未立　云何樂睡眠

睡已當覺悟　勿令睡覆心　汝等勤精進　菩提道自然

午時无常偈　人生不精進　喻若樹無根

採花置日中　能得幾時鮮　花亦不久鮮　色亦非常好

午時无常偈　　人生不精進　喻若樹無根
採花置日中　能得幾時鮮　花亦不久鮮　色亦非常好
人命如剎那　須臾難可保　是故衆等　勤求无上道

十方佛名

南无清淨法身毗盧遮那佛　南无圓滿寶身盧舍那佛
南无千百億化身釋迦牟尼佛　南无東方阿閦佛
南无東南方持地佛　南无南方普滿佛
南无西南方那羅延佛　南无西方无量壽佛
南无西北方月光面佛　南无北方難勝佛
南无東北方寂諸根佛　南无上方无量勝佛
南无下方寶行佛　南无當來下生彌勒尊佛

懺悔文　唯願十方諸大慈尊證知護念我今
懺悔不復更造　願我及一切衆生速得除滅无

寶而可得者本惟空寂願我及一切衆生速達
心本永滅罪根懺悔已歸命礼三寶
衆罪皆懺悔諸福盡隨喜及請佛功德願成
无上智去来現在佛於衆生最勝无量功德
海歸依合掌礼　至心發願願衆等生生值
諸佛世世恒聞解脱音弘誓平等度衆生畢
竟速成无上道發願已歸命礼三寶
寅朝礼懺文
敬礼毗盧遮那佛　敬礼盧舍那佛　敬礼釋迦牟尼佛
敬礼東方善德佛　敬礼東南方无憂德佛
敬礼南方栴檀德佛　敬礼西南方寶施佛
敬礼西方无量明佛　敬礼西北方花德佛
敬礼北方相德佛　敬礼東北方三乘行佛

敬礼北方相德佛　敬礼東北方三乘行佛
敬礼上方廣衆德佛　敬礼下方明德佛
敬礼當来下生弥勒尊佛　敬礼過現未来三世諸佛
敬礼舍利形像无量寶塔　敬礼十二部尊經甚深法藏
敬礼諸大菩薩摩訶薩衆　敬礼聲聞緣覺一切賢聖
為天龍八部諸善神王敬礼常住三寶
為過現諸師恒為道首敬礼常住三寶
為皇帝聖化无窮敬礼常住三寶
為太子諸王福延萬葉敬礼常住三寶
為師僧父母及善知識敬礼常住三寶
為十方施主六度圓滿敬礼常住三寶
為三塗八難憂苦衆生速離苦敬礼常住三寶
為國土安寧法輪常轉敬礼常住三寶

作[illegible]
三合九種從三煩惱起今身若前身有罪盡
懺悔懺悔已歸命礼三寶
至心隨喜所有布施福持戒脩禪慧從身口
意生去来今所有習學三乘人具足一乘者无
量人天福衆等皆隨喜隨喜已歸命礼三寶
至心迴向我所作福業一切皆和合為度群生
故正迴向佛道罪應如是懺勸請隨喜福
迴向於菩提迴向已歸命礼三寶
至心發願願諸衆生等悉發菩提心繫心常
思念十方一切佛復願諸衆生永破諸煩惱
了了見佛性猶如妙德等發願已歸命礼三寶
白衆等聽說寅朝清淨偈
欲求寂滅樂　當學沙門法　衣食趣身命　精懃隨衆等

白衆等聽說寅朝清淨偈

欲求寂滅樂　當學沙門法　衣食支身命　精麁隨衆等

今日寅朝清淨各記六念

一切恭敬三歸依准前

願諸衆生三業清淨奉持佛教和南一切賢聖

十二光佛名

南无西方極樂世界阿彌陁佛

南无無量光佛　南无無邊光佛

南无無㝵光佛　南无無對光佛

南无光焰光佛　南无清淨光佛

南无歡喜光佛　南无智慧光佛

南无不斷光佛　南无難思光佛

南无無稱光佛　南无超日月光佛

南无盡虛空遍法界微塵刹土中一切諸佛

南无藥王菩薩　南无藥上菩薩
普為釋梵四天王龍天八部帝王人王師僧
父母十方檀越及法界衆生悉願斷除諸障
歸命懺悔
一切業障海皆從妄相生若欲懺悔者端坐觀
實相衆罪如霜露慧日能消除是故應至
心懃懺六根罪懺悔已歸命礼三寶
南无東方无量功德寶莊嚴威德王如来
南无南方功德寶勝莊嚴威德王如来
南无西方一切法殊勝辯才莊嚴如来
南无北方積集无量辯才智慧如来
南无東南方千雲雷吼聲王如来
南无西南方最上妙色殊勝光明如来

南无西南方寂上妙色殊勝光明如来
南无西北方種種勝光明威德王如来
南无東北方无數劫積集菩提如来
南无上方虛空吼聲淨妙莊嚴光明照如来
南无下方一切法門神變威德光明照曜如来
右以前佛名出大寶積經第一百一
南无得内峯嚴王如来　南无寶王大光照如来
南无金剛堅強消伏壞散如来

七階佛名

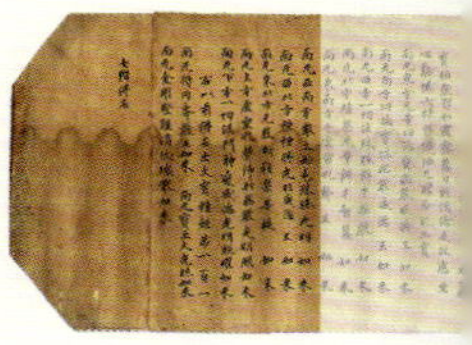

BD00270　七階佛名經

BD00271-1 菩薩戒序

BD00271-2 梵網經盧舍那佛説菩薩心地戒品第十卷下

（後秦）鳩摩羅什 譯

BD00271v 雜寫

392.3cm × 25.5cm

菩薩戒序

諸佛子等合掌至心聽我今欲說諸佛　序　嘿然聽自知有罪

當懺悔則安樂不懺悔罪益深无罪者嘿　當知衆清淨

大德優婆塞優婆夷等諦聽佛滅度後於像法中應當尊重珎敬

羅提木叉波羅提木叉者即是此戒持此戒時如闇遇明如貧人得寶

病者得差如囚繫出獄如遠行者　當知此則是衆等大師若佛住

也怖心難生善心難發故云莫輕小罪以為无殃水渧雖微漸

盈大器剎那造罪殃墮无間一失人身万劫不復壯色不停猶如奔

馬人命无常過於山水今日雖存明亦難保今正是時衆等應當各

各一心勤修精進慎莫懈怠懶墮睡眠縱意夜則攝心存念三寶

莫以空過徒失疲勞後大深悔終无所得衆等一一謹依此戒如法

網經盧舍那佛說菩薩十重卌八輕戒

我今盧舍那　方坐蓮華臺　周帀千華上　復現千釋迦　一華百億國

是時千百億　還至本道場　各坐菩提樹　誦我本師戒　十重四十八
戒如明日月　亦如瓔珞珠　微塵菩薩衆　由是成正覺　是盧舍那誦
我亦如是誦　汝新學菩薩　頂戴受持戒　受持是戒已　轉授諸衆生
諦聽我正誦　佛法中戒藏　波羅提木叉　大衆心諦信　汝是當成佛
我是已成佛　常作如是信　戒品已具足　一切有心者　皆應攝佛戒
衆生受佛戒　即入諸佛位　位同大覺已　真是諸佛子　大衆皆恭敬
至心聽我誦
尒時釋迦牟尼佛初坐菩提樹下成无上正覺初結菩薩波羅提叉
孝順父母師僧三寶孝順至道之法孝名為戒亦名制止即口放无
量光明是時百万億大衆諸菩薩十八梵六欲天子十六大國王
合掌至心聽佛誦一切諸佛大乘戒告諸菩薩言我今半月半月
自誦諸佛法戒汝等一切發心菩薩亦誦乃至十發趣十長養十金剛十
地諸菩薩亦誦是故戒光從口出有緣非无因故光光非青黃
赤白黑非色非心非有非无非因果法諸佛之本原行菩薩行之根
本是大衆諸佛子之根本是故諸佛子應受持應讀誦善學佛子
諦聽欲受佛戒者國王王子百官宰相比丘比丘尼十八梵六欲天
庶民黃門婬男婬女奴婢八部鬼神金剛神畜生乃至變化人但
解法師語盡受得戒皆名第一清淨者

BD00271-1　菩薩戒序　BD00271-2　梵網經盧舍那佛説菩薩心地戒品第十卷下

[illegible]
庶民黃門婬男婬女奴婢八部鬼神金剛神畜生乃至變化人但
解法師語盡受得戒皆名第一清淨者
佛告諸佛子言有十重波羅提木叉若受菩薩戒不誦此戒者非菩
薩非佛種子我亦如是誦一切菩薩已學一切菩薩當學一切菩薩
今學已略說波羅提木叉相貌應當學敬心奉持
佛告佛子若自殺教人殺方便讚歎殺見作隨喜乃至呪殺殺因
殺緣殺法殺業乃至一切有命者不得故殺是菩薩應起常住
慈悲心孝順心方便救護而自恣心快意殺生者是菩薩波羅
夷罪
若佛子自盜教人盜方便盜盜因盜緣盜法盜業乃至鬼神
有主劫賊物一切財物一針一草不得故盜而菩薩應生佛性孝
順慈悲心常助一切人生福生樂而反更盜人財物者是菩薩
波羅夷罪
若佛子自婬教人婬乃至一切女人不得故婬婬因婬緣婬法婬業乃至
畜生女諸天鬼神女及非道行婬而菩薩應生孝順心救度一切衆生
淨法與人而反更起一切人婬不擇畜生乃至母女姊妹六親行婬无
慈悲心是菩薩波羅夷罪

邪語邪見而反更起一切衆生邪語邪見邪業者是菩薩波羅夷罪
若佛子自沽酒教人沽酒沽酒因沽酒緣沽酒法沽酒業一切酒不得沽
是酒起罪因緣而菩薩應生一切衆生明達之慧而反更生衆生
顛倒心者是菩薩波羅夷罪罪
若佛子口自說出家在家菩薩比丘比丘尼罪過教人說罪過罪過
因罪過緣罪過法罪過業而菩薩聞外道惡人及二乘惡人說佛法中
非法非律常生悲心教化是惡人輩令生大乘善信而菩薩反更自說
佛法中罪過者是菩薩波羅夷罪
若佛子自讚毀他亦教人自讚毀他毀他因毀他緣毀他法毀他業
而菩薩應代一切衆生受加毀辱惡事自向己好事與他人若自揚
己德隱他人好事令他人受毀者是菩薩波羅夷罪
若佛子自慳教人慳慳因慳緣慳法慳業而菩薩見一切貧窮人來
乞者隨前人所須一切給與而菩薩惡心瞋心乃至不施一錢一針
一草有求法者而不為說一句一偈一微塵許法而反更罵辱者是
菩薩波羅夷罪
若佛子自瞋教人瞋瞋因瞋緣瞋法瞋業而菩薩應生一切衆生
中善根无諍之事常生悲心而反更於一切衆生中乃至於非衆生中

BD00271－2　梵網經盧舍那佛說菩薩心地戒品第十卷下

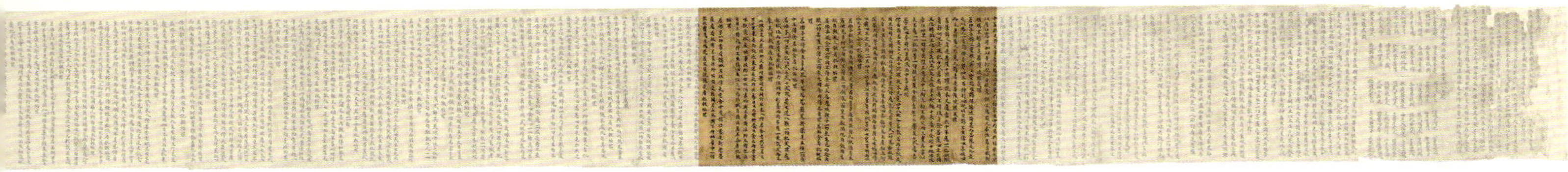

中善根无諍之事常生悲心而反更於一切衆生中乃至於非衆生中
以惡口罵辱加以手打及以刀杖意猶不息前人求悔善言懺謝
猶瞋不解者是菩薩波羅夷罪
若佛子自謗三寶教人謗三寶謗因謗緣謗法謗業而菩薩見外道
及以惡人一言謗佛音聲如三百鉾刺心況口自謗不生信心孝順心
而反更助惡人邪見人謗者是菩薩波羅夷罪
善學諸人者是菩薩十波羅提木叉應當於中不應一一犯如微
塵許何況具足犯十戒若有犯者不得現身發菩薩心亦失國
王位轉輪王位亦失比丘比丘尼位失十發趣十長養十金剛十地佛性
常住妙果一切皆失墮三惡道中二劫三劫不聞父母三寶名字以
是不應一一犯汝等一切諸菩薩今學當學已學是十戒應當
學敬心奉持八万威儀品中當廣明
佛告諸菩薩言已說十波羅提木叉竟四十八輕今當說若佛子欲受
國王位時受轉輪王位時百官受位時應先受菩薩戒一切鬼神救護
王身百官之身諸佛歡喜既得戒已生孝順心恭敬心見上座和上阿
闍梨大同學同見同行者應起承迎礼拜問訊而菩薩反生憍心慢
心癡心不迎礼拜一一不如法供養以自賣身國城男女七寶百物而供
給之若不尒者犯輕垢罪

故自飲教人飲者犯輕垢罪
若佛子故食肉一切肉不得食斷大慈悲性種子一切衆生見而捨去
故一切菩薩不得食一切衆生肉食肉得无量罪若故食者犯輕垢
罪
若佛子不得食五辛大蒜革葱慈葱蘭葱興渠是五種一切食
中不得食若故食者犯輕垢罪
若佛子一切衆生犯八戒五戒十戒毀禁七逆八難一切犯戒罪應
教懺悔而菩薩不教懺悔共住同僧利養而共布薩一衆說戒而不
舉其罪教悔過者犯輕垢罪
若佛子見大乘法師大乘同學同見同行者來入僧房舍宅城邑若百
里千里來者即起迎來送去礼拜供養日日三時供養日食三兩黃金百
味飲食牀座供事法師一切所須盡給與之常請法師三時說法
日日三時礼拜不生瞋心患惱之心為法滅身請法若不尒者犯輕
垢罪
若佛子一切處有講毗尼經律大宅舍中有講法處是新學菩
薩應持經律卷至法師所諮受聽聞若山林樹下僧地房中一切
說法處悉至聽受若不至彼聽受者犯輕垢罪

說法處悉至聽受若不至彼聽受者犯輕垢罪
若佛子心背大乘常住經律言非佛說而受持二乘聲聞外道惡見
一切禁戒耶見經律者犯輕垢罪
若佛子一切疾病人供養如佛无異八福田中看病福田第一福田
若父母師僧弟子病諸根不具百種病苦皆養令差而菩薩以
瞋恨心不至僧房中城邑曠野山林道路中見病不救濟者
犯輕垢罪
若佛子不得畜一切刀杖弓箭鉾斧鬪戰之具及惡網羅煞生
之器一切不得畜而菩薩乃至煞父母尚不加報況煞一切衆生若故
畜刀杖者犯輕垢罪
如是十戒應當學敬心奉持下六品中廣明
佛言佛子爲利養惡心故通國使命軍陣合會興師相伐煞无量衆
生而菩薩不得入軍中往來況故作國賊若故作者犯輕垢罪
若佛子故販賣良人奴婢六畜市易棺材板木盛死之具尚不
應自作況教人作若故作者犯輕垢罪
若佛子以惡心故无事謗他良人善人法師師僧國王貴人言犯
七逆十重父母兄弟六親中應生孝順心慈悲心而反更加於逆
害墮不如意處者犯輕垢罪

得故燒若故燒者犯輕垢罪
若佛子自佛弟子及外道六親一切善知識應一一教受持大乘
經律教解義理使發菩提心發十長養心金剛心一一解其次第
法用而菩薩以惡心瞋心横教他二乘聲聞戒經律外道耶見
論者犯輕垢罪
若佛子應好心先學大乘威儀經律廣開解義味見後新學
菩薩有百里千里來求大乘經律應如法為說一切苦行若燒
辟燒指若不燒身辟指供養諸佛非出家菩薩乃至餓虎
狼師子一切餓鬼悉應捨身肉手足而供養之然後一一次第
為說正法使心開意解而菩薩為利養故應荅不荅倒說經
律文字无前无後謗三寶說者犯輕垢罪
若佛子自為飲食錢物利養名譽故親近國王王子大臣百官
恃作形勢乞索打拍牽挽横取錢物一切求利名為求多求
教他人求都无慈心无孝順心者犯輕垢罪
若佛子學誦戒者日日六時持菩薩戒解其義理佛性之性而
菩薩不解一句一偈戒律因緣詐言能解即為自欺誑他人一一
不解一切法而為他作師受戒者犯輕垢罪
若佛子以惡心故見持戒比丘手捉香爐行菩薩行而鬪過兩頭謗

BD00271-2　梵網經盧舍那佛說菩薩心地戒品第十卷下

若佛子以惡心故見持戒比丘手捉香爐行菩薩行而鬬過兩頭謗
欺賢人无惡不造若故作者犯輕垢罪
若佛子以慈心故行放生業一切男子是我父一切女人是我母我生生无不
從之受生故六道衆生皆是我父母而煞而食者即煞我父母亦煞我
故身一切地水是我先身一切火風是我本體故常行放生業生生
受生若見世人煞畜生時應方便救護解其苦難常教化講說
菩薩戒救度衆生若父母兄弟死亡之日應請法師講菩薩戒
經律福資亡者得見諸佛生人天上若不尒者犯輕垢罪
如是十戒應當學敬心奉持如滅罪品中廣明一一解
佛言佛子以瞋報瞋以打報打若煞父母兄弟六親不得加報若
國主為他人煞者亦不得加報煞生報生不順孝道尚不畜奴婢打
拍罵辱日日起三業罪无量況故作七逆之罪而出家菩薩无
慈報讎乃至六親若故作者犯輕垢罪
若佛子初始出家未有所解而自恃聰明有智或恃高貴年宿或恃
大姓高門大解大富饒財七寶以此憍慢而不諮受先學法師經
律其法師者或小姓年少卑門貧窮諸根不具而實有德一
切經律盡解而新學菩薩不得觀法師種姓而不來諮受法師第
一義諦者犯輕垢罪

日乃至一年要得好相得好相已便得佛菩薩形像前受戒若不
得好相雖佛菩薩形像前受戒不名得戒若先受菩薩戒法師前
受戒時不須要見好相何以故是法師師相受故不須好相是以法
師前受戒即得戒以生重心故若千里内无能授戒師得佛菩薩
形像前受得戒而要見好相若法師自倚解經律大乘學戒
與國王太子百官以為善友而新學菩薩來問若經義律義輕心
惡心慢心不一一好答問者犯輕垢罪
若佛子有佛經律大乘正法正見正性正法身而不能勤學脩習
而捨七寶反學邪見二乘外道俗典阿毗曇雜論書記是斷
佛性鄣道因緣非行菩薩道者故作者犯輕垢罪
若佛子佛滅度後為說法主為僧房主教化主坐禪主行來主
應生慈心善和鬪諍善守三寶物莫无度用如自己有而反乱衆
鬪諍恣心用三寶物者犯輕垢罪
若佛子先住僧房中後見客菩薩比丘來入僧房舍宅城邑國王宅
舍中乃至夏坐安居處所及大會中先住僧應迎來送去飲食
供養房舍卧具繩牀事事給與若无有物應自賣身及男女身
供給所須悉以與之若有檀越來請衆僧客僧有利養分僧房

供給所須悉以與之若有檀越來請衆僧客僧有利養分僧房
主應次苐差客僧受請而先住僧獨受請而不差客僧房
主得无量罪畜生无異非沙門非釋種姓若故作者犯輕垢罪
若佛子一切不得受別請利養入已而此利養屬十方僧而別受請即取十方
僧物入已及八福田諸佛聖人二師僧父母病人物自已用故犯輕垢罪
若佛子有出家菩薩在家菩薩及一切檀越請僧福田求願之時應入僧
房中問知事人今欲次苐請者即得十方賢聖僧而世人別請五百羅漢
菩薩僧不如僧次一凡夫僧若別請僧者是外道法七佛无別請法不順
孝道若故別請者犯輕垢罪
若佛子以惡心故為利養販賣男女色自手作食自磨自舂占相男女
解夢吉凶是男是女呪術工巧調鷹方法和百種毒藥千種毒藥蛇毒
生金銀蠱毒都无慈心若故作者犯輕垢罪
若佛子以惡心故自身謗三寶詐現親附口便說空行在有中為白衣通
致男女交會婬色作諸縛著於六齋日年三長齋月作煞生劫盜破
齋犯戒者犯輕垢罪
如是十戒應當學敬心奉持制戒品中廣解
佛言佛子佛滅度後於惡世中若見外道一切惡人劫賊賣佛菩薩父母形像
販賣經律販賣比丘比丘尼亦賣發心菩薩道人或為官使與一切人作奴

若佛子不得畜刀杖弓箭販賣輕秤小升因官形勢取人財物害心繫縛
破壞成功長養猫狸豬狗若故養者犯輕垢罪
若佛子以惡心故觀一切男女等鬪軍陣兵將劫賊等鬪亦不得聽吹貝
鼓角琴瑟箏笛箜篌歌叫伎樂之聲不得樗蒱圍碁波羅塞戲
彈碁六博拍毱擲石投壺八道行城爪鏡芝草楊枝鉢盂髑髏而作
卜筮不得作盜賊使命一一不得作者犯輕垢罪
若佛子護持禁戒行住坐臥日夜六時讀誦是戒猶如金剛如帶持浮囊
欲渡大海如草繫比丘常生大乘信自知我是未成之佛諸佛是已成之佛
發菩提心念念不去心若起一念二乘外道心者犯輕垢罪
若佛子常應發一切願孝順父母師僧三寶常願得好師僧同學善友知
識常教我大乘經律十發趣十長養十金剛十地使我開解法如脩行堅
持佛戒寧捨身命念念不去心若一切菩薩不發是願者犯輕垢罪
若佛子發十大願已持佛禁戒作是願言寧以此身投大熾然猛火大坑刀山
終不毀犯三世諸佛經律與一切女人作不淨行復作是願寧以熱鐵羅網
千重周帀纏身終不以破戒之身受信心檀越一切衣服復作是願寧以此口
吞熱鐵丸及大流猛火經百千劫終不以破戒之口食信心檀越百味飲食
復作是願寧以此身臥大猛火羅網熱鐵地上終不以破戒之身受信心檀越
百種牀坐復作是願寧以此身受三百鉾刺終不以破戒之身受信心檀

BD00271–2　梵網經盧舍那佛說菩薩心地戒品第十卷下

百種林坐復作是願寧以此身受三百鉾刺終不以破戒之身受信心檀
越百味醫藥復作是願寧以此身投熱鐵鑊千劫終不以破戒之身受
信心檀越千種房舍屋宅園林田地復作是願寧以鐵鎚打碎此身從頭
至足令如微塵終不以此破戒之身受信心檀越恭敬礼拜復作是願
寧以百千熱鐵刀鉾挑其兩目終不以此破戒之心視他好色復作是願寧
以百千鐵錐遍身劖刺耳根逕一劫二劫終不以破戒之心聽好音聲復
作是願寧以百千刃刀割去其鼻終不以破戒之心貪嗅諸香復作是願寧
以百千刃刀割斷其舌終不以破戒之心食人百味淨食復作是願寧以利斧
斬斫其身終不以破戒之心貪著好觸復作是願願一切眾生悉得成佛
而菩薩若不發是願者犯輕垢罪
若佛子常應二時頭陀冬夏坐禪結夏安居常用楊枝澡豆三衣瓶鉢
坐具錫杖香爐漉水囊手巾刀子火燧鑷子繩床經律佛像菩薩形
像而菩薩行頭陀時及遊方時行來百里千里此十八種物常隨其身
頭陀者從正月十五日至三月十五日八月十五日至十月十五日是二時中十八種物常
隨其身如鳥二翼若布薩日新學菩薩半月半月布薩誦十重四十八輕
戒時於諸佛菩薩形像前一人布薩即一人誦若二若三乃至百千人亦
一人誦誦者高坐聽者下坐各各披九條七條五條袈裟結夏安居
一一如法若頭陀時莫入難處若國難惡王土地高下草木深邃師子虎

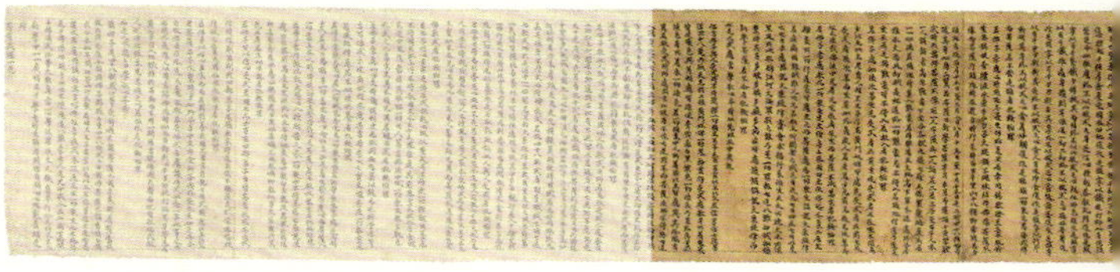

若佛子應如法次第坐先受戒者在前坐後受戒者在後坐不問老
少比丘比丘尼貴人國王王子乃至黄門奴婢皆應先受戒者在前坐後
受戒者隨次第而坐莫如外道癡人若老若少无前无後无次第兵
奴之法我佛法中先者先坐後者後坐而菩薩不次第坐者犯輕垢罪
若佛子常應教化一切衆生建立僧房山林園田立作佛塔冬夏安居坐
禪處所一切行道處皆應立之而菩薩應為一切衆生講說大乘經律
若疾病國難賊難父母兄弟和上阿闍梨亡滅之日及三七日四五七日乃至
七七日亦應講說大乘經律齋會求福行來治生大火所燒大水所漂
黑風所吹船舫江河大海羅剎之難乃至一切罪報七逆八難杻械枷鏁
繫縛其身多婬多瞋多癡多病疾皆應讀誦講說大乘經律而
新學菩薩若不尒者犯輕垢罪
如是九戒應當學敬心奉持如梵壇品中廣說
佛言佛子與人受戒時不得簡擇一切國王王子大臣百官比丘比丘尼信男信女婬男
婬女十八梵六欲天无根二根黄門奴婢一切鬼神盡得受戒應教身所著袈裟
皆使壞色與道相應皆染使青黄赤白黑紫色一切染衣乃至卧具盡以
壞色身所著衣一切染色若一切國土中人所著服比丘皆應與其俗服有
異若欲受戒時師應問言汝現身不作七逆罪不而菩薩法師不得與七逆

異若欲受戒時師應問言汝現身不作七逆罪不而菩薩法師不得與七逆
人現身受戒七逆者出佛身血煞父母和上阿闍梨破羯磨轉法輪僧煞
聖人若具七遮即身不得戒餘一切人得受戒出家人法不向國王礼拜不向
父母礼拜六親不敬鬼神不礼但解法師語有百里千里來求戒者而菩薩
法師以惡心瞋心而不即與授一切衆生戒者犯輕垢罪
若佛子教他人起信心時菩薩與他人作教戒法師者見欲受戒人應教請
二師和上阿闍梨二師應問言汝有七遮罪不若現身有七遮師不應與受
无七遮者得受若有犯十戒者應教懺悔在佛菩薩形像前日日六時誦
十重四十八輕戒若到礼三世千佛須見好相若一七日二三七日乃至一年要見好
相好相者佛來摩頂若見光花種種異相便得罪滅若无好相雖懺无
益是現身不得戒而得增受戒若犯四十八輕戒者對手懺滅不同七遮
而教戒師於是法中一一好解若不解大乘經律若輕若重是非之相不解第
一義諦習種性長養性不可壞性道性正性其中多少觀行出入十禪支於
一切行法一一不得此法中意而菩薩為利養故為名聞故惡求貪利弟子而詐
現解一切經律為供養故是自欺詐欺詐他人與人受戒者犯輕垢罪
若佛子不得為利養惡心故於未受菩薩戒者前外道惡人前說此千佛大戒邪見
人前亦不得說除國王餘一切人不得說是惡人輩不受佛戒名為畜生生生不見
三寶如木石无心名為外道邪見人輩木頭无異而菩薩於是惡人前說七

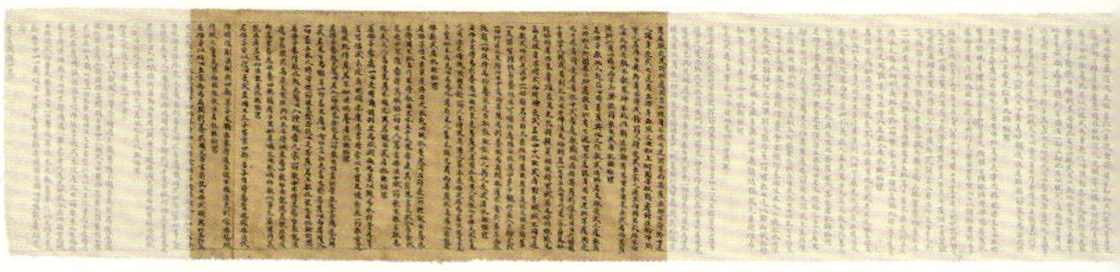

不得國王地上行不得飲國王水五千大鬼常遮其前鬼言大賊入房舍城
邑宅中鬼復常掃其腳跡一切世人罵言佛法中賊一切眾生眼不欲見
犯戒之人畜生无異木頭无異若毀正戒者犯輕垢罪
若佛子常應一心受持讀誦剝皮為紙刺血為墨以髓為水折骨為筆
書寫佛戒木皮角紙絹素亦應悉書持常以七寶无價香花一切雜寶為
箱盛經律卷若不如法供養者犯輕垢罪
若佛子常起大悲心若入一切城邑舍宅見一切眾生應唱言汝等眾生盡應受三歸
十戒若見牛馬豬羊一切畜生應心念口言汝是畜生發菩提心而菩薩入
一切處山林川野皆使一切眾生發菩提心是菩薩若不教化眾生者犯輕垢罪
若佛子常行教化起大悲心入檀越貴人家一切眾中不得立為白衣說法
應白衣眾前高座上坐法師比丘不得地立為四眾白衣說法若說法時法
師高坐香花供養四眾聽者下坐如孝順父母敬順師教如事火婆羅門其
說法者若不如法說者犯輕垢罪
若佛子皆以信心受戒若國王太子百官四部弟子自恃高貴破滅佛法戒
律明作制法制我四部弟子不聽出家行道亦復不聽造立形像佛塔經
律破三寶之罪而故作破法者犯輕垢罪
若佛子以好心出家而為名聞利養於國王百官前說七佛戒橫與比丘比丘

BD00271-2　梵網經盧舍那佛說菩薩心地戒品第十卷下

若佛子以好心出家而爲名聞利養於國王百官前説七佛戒横與比丘比丘
尼菩薩弟子作繫縛事如師子身中虫自食師子肉非餘外虫如是佛子
自破佛法非外道天魔能破若受佛戒者應護佛戒如念一子如事父母
而聞外道惡人以惡言謗佛法時如三百鉾刺心千刀万杖打拍其身等无有
異寧自入地獄經於百劫而不用一聞惡言破佛戒之聲而況自破佛戒教
人破法因緣亦无孝順之心若故作者犯輕垢罪
如是九戒應當學敬心奉持
諸佛子是四十八輕戒汝等受持過去諸菩薩已誦未來諸菩薩當誦
現在諸菩薩今誦諸佛子諦聽十重四十八輕戒三世諸佛菩薩已誦當誦今誦
我今亦如是誦汝等一切大衆若國王王子百官比丘比丘尼信男信女受持菩
薩戒者應讀誦解説書寫佛性常住戒卷流通三世一切衆生化不絶得
見千佛佛佛授手世世不墮惡道八難常生人道天中我今在此樹下略開
七佛法戒汝等大衆應當一心學波羅提木叉歡喜奉行如无相天王品
勸學中一一廣明三千學士時坐聽者聞佛自誦心心頂戴喜躍受
持
菩薩戒經一卷

BD00271v　雜寫

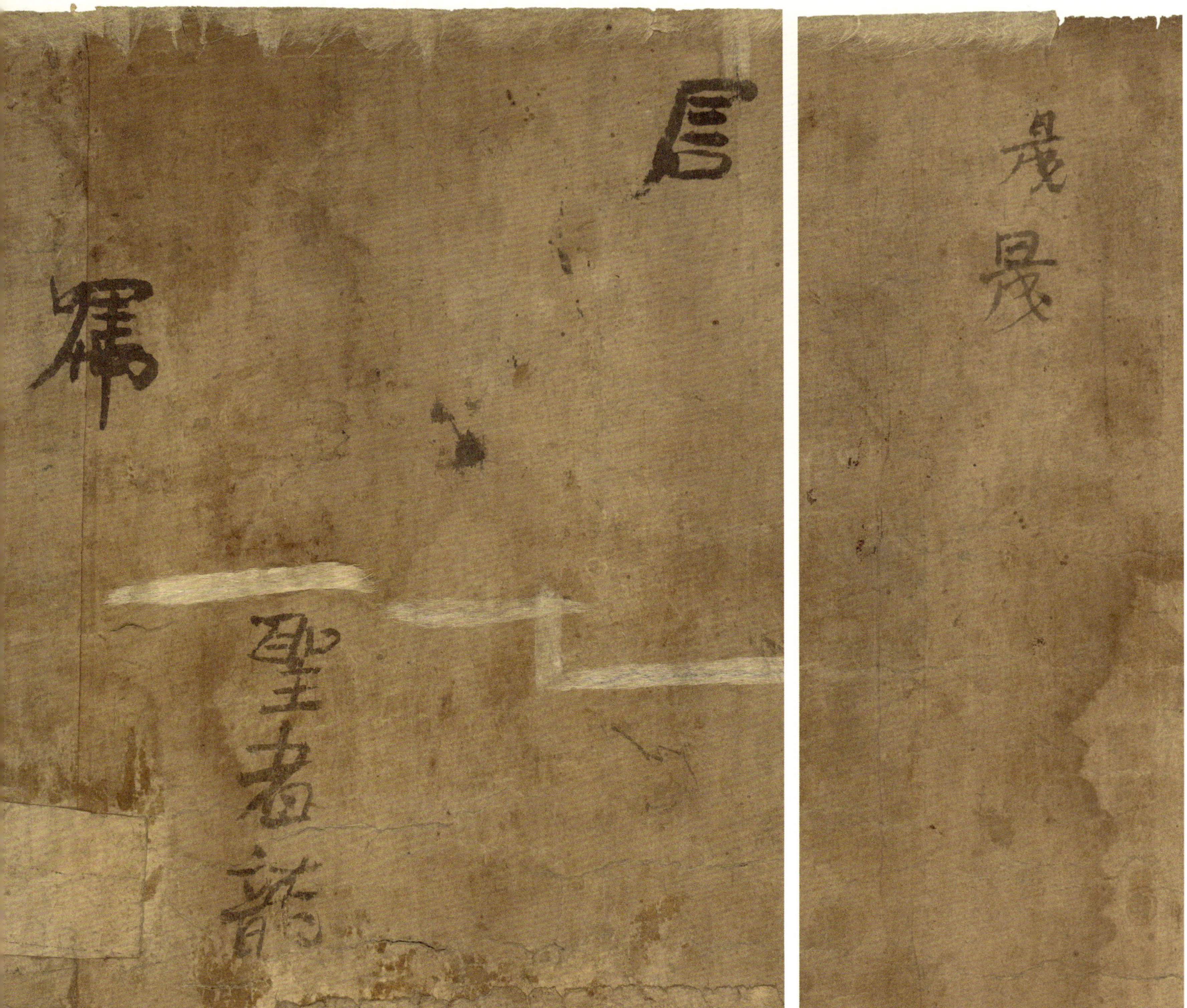

BD00271v 雜寫

BD00272 妙法蓮華經卷五

（後秦）鳩摩羅什 譯

BD00272v 回鶻文勘記

452.8cm×26.2cm

首合掌白佛言世尊唯願說之我等當信
受佛語如是三白已復言唯願說之我等當
信受佛語尒時世尊知諸菩薩三請不止而
告之言汝等諦聽如來秘密神通之力一
切世間天人及阿脩羅皆謂今釋迦牟尼
佛出釋氏宮去伽耶城不遠坐於道場得
阿耨多羅三藐三菩提然善男子我實成
佛已來无量无邊百千万億那由他劫譬如
五百千万億那由他阿僧祇三千大千世界
假使有人抹為微塵過於東方五百千万億
那由他阿僧祇國乃下一塵如是東行盡是
微塵諸善男子於意云何是諸世界可得

力所及一切聲聞辟支佛以无漏智不能思惟
知其限數我等住阿惟越致地於是事中亦所
不達世尊如是諸世界无量无邊尒時佛告大
菩薩衆諸善男子今當分明宣語汝等是諸
世界若著微塵及不著者盡以為塵一塵一
劫我成佛已來復過於此百千万億那由他阿
僧祇劫自從是來我常在此娑婆世界說法
教化亦餘處百千万億那由他阿僧祇國導
利衆生諸善男子於是中間我說然燈佛等
又復言其入於涅槃如是皆以方便分別諸善
男子若有衆生來至我所我以佛眼觀信等
諸根利鈍隨所應度處處自說名字不
同年紀大小亦復現言當入涅槃又以種種

同年紀大小亦復現言當入涅槃又以種種
方便說微妙法能令衆生發歡喜心諸善
男子如來見諸衆生樂於小法德薄垢重
者爲是人說我少出家得阿耨多羅三藐三
菩提然我實成佛已來久遠若斯但以方便
教化衆生令入佛道作如是說諸善男子如
來所演經典皆爲度脫衆生或說己身或說
他身或示己身或示他身或示己事或示他
事諸所言說皆實不虛所以者何如來如實
知見三界之相無有生死若退若出亦無在
世及滅度者非實非虛非如非異不如三界見
於三界如斯之事如來明見無有錯謬以

辭種種說法所作佛事未曾暫廢如是我
成佛已來甚大久遠壽命无量阿僧祇劫常
住不滅諸善男子我本行菩薩道所成壽命
今猶未盡復倍上數然今非實滅度而便唱
言當取滅度如來以是方便教化衆生所以者
何若佛久住於世薄德之人不種善根貧窮
下賤貪著五欲入於憶想妄見網中若見如
來常在不滅便起憍恣而懷厭怠不能生難
遭之想恭敬之心是故如來以方便說比丘當
知諸佛出世難可值遇所以者何諸薄德人
過无量百千万億劫或有見佛或不見者以
此事故我作是言諸比丘如來難可得見斯
衆生等聞如是語必當生於難遭之想心懷

以事故我作是言諸比丘如來難可得見斯
眾生等聞如是語必當生於難遭之想心懷
戀慕渴仰於佛便種善根是故如來雖不
實滅而言滅度又善男子諸佛如來法皆
如是為度眾生皆實不虛譬如良醫智慧
聰達明練方藥善治眾病其人多諸子息若
十二十乃至百數以有事緣遠至餘國諸子
於後飲他毒藥藥發悶亂宛轉于地是時其
父還歸家諸子飲毒或失本心或不失者遙
見其父皆大歡喜拜跪問訊善安隱歸我等
愚癡誤服毒藥願見救療更賜壽命父見子
等苦惱如是依諸經方求好藥草色香美味皆
悉具足擣篩和合與子令服而作是言此大良

俱好即便服之病盡除愈餘失心者見其父
來雖亦歡喜問訊求索治病然與其藥而不
肯服所以者何毒氣深入失本心故於此好色
香藥而謂不美父作是念此子可愍為毒所
中心皆顛倒雖見我喜求索救療如是好藥
而不肯服我今當設方便令服此藥即作是
言汝等當知我今衰老死時已至是好良藥
今留在此汝可取服勿憂不差作是教已復
至他國遣使還告汝父已死是時諸子聞父
背喪心大憂惱而作是念若父在者慈愍我
等能見救護今者捨我遠喪他國自惟孤露
无復恃怙常懷悲感心遂醒悟乃知此藥色
味香美即取服之毒病皆愈其父聞子悉已

无復恃怙常懷悲感心遂醒悟乃知此藥色
味香美即取服之毒病皆愈其父聞子悉已
得差尋便來歸咸使見之諸善男子於意
云何頗有人能說此良醫虛妄罪不不也世
尊佛言我亦如是成佛已來无量无邊百千
万億那由他阿僧祇劫為衆生故以方便力
言當滅度亦無有能如法說我虛妄過者尒
時世尊欲重宣此義而說偈言

自我得佛來 所經諸劫數 无量百千万 億載阿僧祇
常說法教化 无數億衆生 令入於佛道 尒來无量劫
為度衆生故 方便現涅槃 而實不滅度 常住此說法
我常住於此 以諸神通力 令顛倒衆生 雖近而不見
衆見我滅度 廣供養舍利 咸皆懷戀慕 而生渴仰心

以方便力故　現有滅不滅　餘國有衆生　恭敬信樂者
我復於彼中　為說无上法　汝等不聞此　但謂我滅度
我見諸衆生　沒在於苦惱　故不為現身　令其生渴仰
因其心戀慕　乃出為說法　神通力如是　於阿僧祇劫
常在靈鷲山　及餘諸住處　衆生見劫盡　大火所燒時
我此土安隱　天人常充滿　園林諸堂閣　種種寶莊嚴
寶樹多華菓　衆生所遊樂　諸天擊天鼓　常作衆伎樂
雨曼陀羅華　散佛及大衆　我淨土不毀　而衆見燒盡
憂怖諸苦惱　如是悉充滿　是諸罪衆生　以惡業因緣
過阿僧祇劫　不聞三寶名　諸有脩功德　柔和質直者
則皆見我身　在此而說法　或時為此衆　說佛壽无量
久乃見佛者　為說佛難值　我智力如是　慧光照无量
壽命无數劫　久脩業所得　汝等有智力　勿於此生疑

久乃見佛者　為說佛難值　我智力如是　慧光照无量
壽命无數劫　久脩業所得　汝等有智力　勿於此生疑
當斷令永盡　佛語實不虛　如醫善方便　為治狂子故
實在而言死　无能說虛妄　我亦為世父　救諸苦患者
為凡夫顛倒　實在而言滅　以常見我故　而生憍恣心
放逸著五欲　墮於惡道中　我常知眾生　行道不行道
隨應所可度　為說種種法　每自作是意　以何令眾生
得入无上道　速成就佛身

妙法蓮華經分別功德品第十七

尒時大會聞佛說壽命劫數長遠如是无
量无邊阿僧祇眾生得大饒益於時世尊
告弥勒菩薩摩訶薩阿逸多我說是如來
壽命長遠時六百八十万億那由他恒河沙眾

得樂說無礙辯才復有一世界微塵數菩薩
摩訶薩得百万億无量旋陁羅尼復有三千
大千世界微塵數菩薩摩訶薩能轉不退法
輪復有二千中國土微塵數菩薩摩訶薩能
轉清淨法輪復有小千國土微塵數菩薩摩
訶薩八生當得阿耨多羅三藐三菩提復有四
四天下微塵數菩薩摩訶薩四生當得阿耨多
羅三藐三菩提復有三四天下微塵數菩薩
摩訶薩三生當得阿耨多羅三藐三菩提
復有二四天下微塵數菩薩摩訶薩二生
當得阿耨多羅三藐三菩提復有一四天下
微塵數菩薩摩訶薩一生當得阿耨多羅
三藐三菩提復有八世界微塵數衆生皆發

微塵數菩薩摩訶薩一生當得阿耨多羅
三藐三菩提復有八世界微塵數衆生皆發
阿耨多羅三藐三菩提心佛說是諸菩薩
摩訶薩得大法利時於虛空中雨曼陁羅
華摩訶曼陁羅華以散无量百千万億寶
樹下師子座上諸佛散七寶塔中師子座上
釋迦牟尼佛及久滅度多寶如来亦散一切
諸大菩薩及四部衆又雨細末栴檀沉水香
等於虛空中天鼓自鳴妙聲深遠又雨千種
天衣垂諸瓔珞真珠瓔珞摩尼珠瓔珞如意
珠瓔珞遍於九方衆寶香爐燒無價香自
然周至供養大會一一佛上有諸菩薩執持
幡蓋次第而上至于梵天是諸菩薩以妙音

而起偏袒右肩合掌向佛而說偈言

佛說希有法　昔所未曾聞　世尊有大力　壽命不可量
無數諸佛子　聞世尊分別　說得法利者　歡喜充遍身
或住不退地　或得陀羅尼　或無礙樂說　万億旋揔持
或有大千界　微塵數菩薩　各各皆能轉　不退之法輪
或有中千界　微塵數菩薩　各各皆能轉　清淨之法輪
或有小千界　微塵數菩薩　餘各八生在　當得成佛道
復有四三二　如是四天下　微塵諸菩薩　隨數生成佛
或一四天下　微塵數菩薩　餘有一生在　當成一切智
如是等眾生　聞佛壽長遠　得无量無漏　清淨之果報
復有八世界　微塵數眾生　聞佛說壽命　皆發无上心
世尊說无量　不可思議法　多有所饒益　如虛空無邊
雨天曼陁羅　摩訶曼陁羅　釋梵如恒沙　无數佛土來
雨栴檀沉水　繽紛而亂墜　如鳥飛空下　供散於諸佛

雨曼陀羅　摩訶曼陀羅　釋梵如恒沙　無數佛土來
雨栴檀沉水　繽紛而亂墜　如鳥飛空下　供散於諸佛
天鼓虛空中　自然出妙聲　天衣千万種　旋轉而來下
眾寶妙香爐　燒無價之香　自然悉周遍　供養諸世尊
其大菩薩眾　執七寶幡蓋　高妙万億種　次第至梵天
一一諸佛前　寶幢懸勝幡　亦以千万偈　歌詠諸如來
如是種種事　昔所未曾有　聞佛壽无量　一切皆歡喜
佛名聞十方　廣饒益眾生　一切具善根　以助无上心
尒時佛告弥勒菩薩摩訶薩向逸多其有
眾生聞佛壽命長遠如是乃至能生一念
信解所得功德無有限量若有善男子善
女人為阿耨多羅三藐三菩提故於八十万
億那由他劫行五波羅蜜檀波羅蜜尸羅
波羅蜜羼提波羅蜜毗梨耶波羅蜜禪波羅蜜

[illegible]
千分百千万億分不及其一乃至筭數譬喻
所不能知若善男子有如是功德於阿耨多
羅三藐三菩提退者無有是處尒時世尊欲
重宣此義而說偈言
若人求佛慧　於八十万億　那由他劫數　行五波羅蜜
於是諸劫中　布施供養佛　及緣覺弟子　并諸菩薩衆
珎異之飲食　上服與卧具　栴檀立精舍　以園林莊嚴
如是等布施　種種皆微妙　盡此諸劫數　以迴向佛道
若復持禁戒　清淨無缺漏　求於無上道　諸佛之所歎
若復行忍辱　住於調柔地　設衆惡來加　其心不傾動
諸有得法者　懷於增上慢　為此所輕惱　如是亦能忍
若復勤精進　志念常堅固　於無量億劫　一心不懈息
又於無數劫　住於空閑處　若坐若經行　除睡常攝心

若復勤精進　志念常堅固　於無量億劫　一心不懈息
又於無數劫　住於空閑處　若坐若經行　除睡常攝心
以是因緣故　能生諸禪定　八十億萬劫　安住心不亂
持此一心福　願求無上道　我得一切智　盡諸禪定際
是人於百千　萬億劫數中　行此諸功德　如上之所施
有善男女等　聞我說壽命　乃至一念信　其福過於彼
若人悉無有　一切諸疑悔　深心須臾信　其福為如此
其有諸菩薩　無量劫行道　聞我說壽命　是則能信受
如是諸人等　頂受此經典　願我於未來　長壽度衆生
如今日世尊　諸釋中之王　道場師子吼　說法無所畏
我等未來世　一切所尊敬　坐於道場時　說壽亦如是
若有深心者　清淨而質直　多聞能總持　隨義解佛語
如是諸人等　於此無有疑

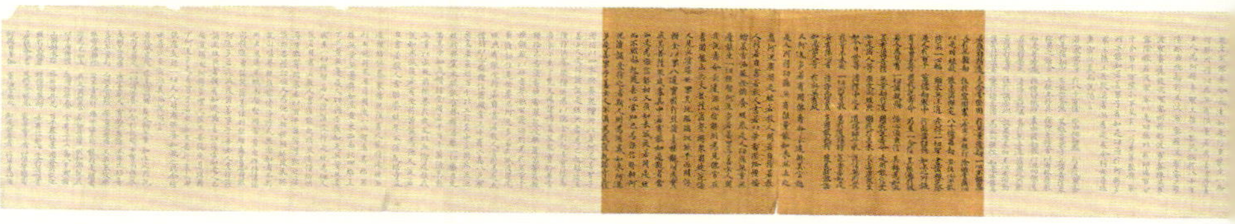

慧何況廣聞是經若教人聞若自持若教
人持若自書若教人書若以華香瓔珞幢幡
繒蓋香油蘇燈供養經卷是人功德無量無
邊能生一切種智阿逸多若善男子善女人聞
我說壽命長遠深心信解則為見佛常在
耆闍崛山共大菩薩諸聲聞眾圍繞說法
又見此娑婆世界其地瑠璃坦然平正閻浮
檀金以界八道寶樹行列諸臺樓觀皆悉寶
成其菩薩眾咸處其中若有能如是觀者當
知是為深信解相又復如來滅後若聞是經
而不毀呰起隨喜心當知已為深信解相何
況讀誦受持之者斯人則為頂戴如來阿逸
多是善男子善女人不須為我復起塔寺及作

況讀誦受持之者斯人則為頂戴如來阿逸
多是善男子善女人不須為我復起塔寺及作
僧坊以四事供養眾僧所以者何是善男子
善女人受持讀誦是經典者為已起塔造立
僧坊供養眾僧則為以佛舍利起七寶塔高
廣漸小至于梵天懸諸幡蓋及眾寶鈴華香
瓔珞末香塗香燒香眾鼓伎樂簫笛箜篌種
種儛戲以妙音聲歌唄讚頌則為於無量千
萬億劫作是供養已阿逸多若我滅後聞是
經典有能受持若自書若教人書則為起立
僧坊以赤栴檀作諸殿堂三十有二高八多羅
樹高廣嚴好百千比丘於其中止園林流池
經行禪窟衣服飲食牀褥湯藥一切樂具充

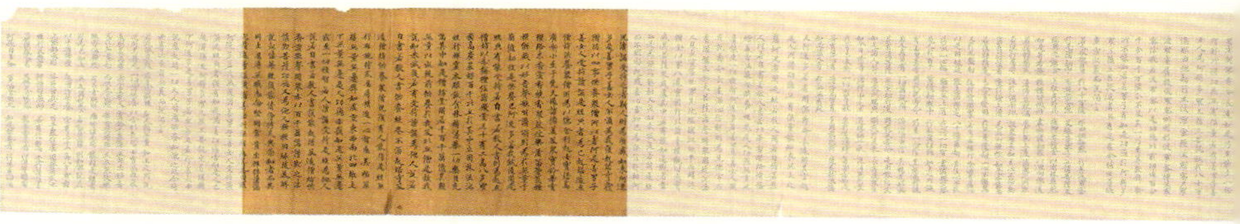

說如來滅後若有受持讀誦為他人說若
自書若教人書供養經卷不須起塔寺及
造僧坊供養衆僧況復有人能持是經兼
行布施持戒忍辱精進一心智惠其福最
勝無量無邊譬如虛空東西南北四維上
下無量無邊是人功德亦復如是無量無邊
疾至一切種智若人讀誦受持是經為他人
說若自書若教人書復能起塔及造僧坊供
養讚歎聲聞衆僧亦以百千萬億讚歎之法
讚歎菩薩功德又為他人種種因緣隨義解
說此法華經復能清淨持戒與柔和者而共
同止忍辱無瞋志念堅固常貴坐禪得諸深
定精進勇猛攝諸善法利根智惠善答問難

定精進勇猛攝諸善法利根智惠善荅問難
阿逸多若我滅後諸善男子善女人受持讀
誦是經典者復有如是諸善功德當知是人已
趣道場近阿耨多羅三藐三菩提坐道場樹
下阿逸多是善男子善女人若坐若立若行處此中
便應起塔一切天人皆應供養如佛之塔尒時
世尊欲重宣此義而說偈言
若我滅度後　能奉持此經　斯人福無量　如上之所說
是則為具足　一切諸供養　以舍利起塔　七寶而莊嚴
表刹甚高廣　漸小至梵天　寶鈴千萬億　風動出妙音
又於無量劫　而供養此塔　華香諸瓔珞　天衣衆伎樂
然香油蘇燈　周帀常照明　惡世法末時　能持是經者
則為已如上　具足諸供養　若能持此經　則如佛現在

經行及禪窟　種種皆嚴好　若有信解心　受持讀誦書

若復教人書　及供養經卷　散華香末香　以須曼瞻蔔

阿提目多伽　薰油常然之　如是供養者　得無量功德

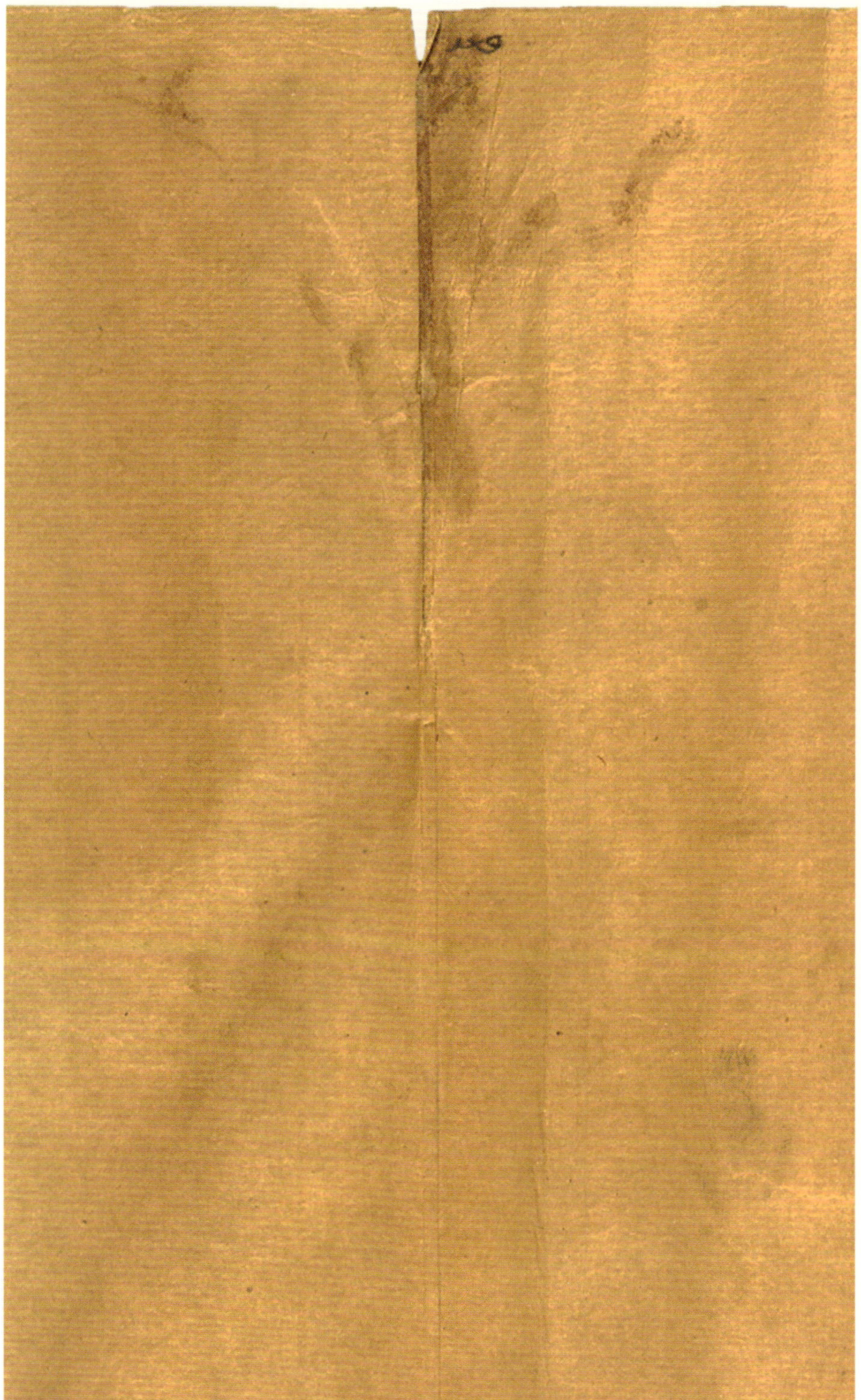

BD00272v　回鶻文勘記

BD00273 大方廣十輪經卷六

603.4cm × 25.8cm

前有所說法
以是故若有衆生於
成熟諸善根者若聽微
大乘經者彼人愚癡自謂為智墮於斷見
如是人……說无因果无善惡業亦於我法中
作壞亂非法言法非沙門自稱沙門非比丘
言是比丘遮斷一切聲聞辟支佛乘令不流
布若於聲聞辟支佛法出家受具足戒為集
一……法器及不任者學无學人
善功……无尋已證諸果乃至真善凡
夫具足持戒於是菩邊而作罵詈奪其衣鉢
執縛繫閉如是斷常是人中羅剎得人身難

獄人身難得於阿僧祇劫設得人身於諸佛
衆生五濁世身常瘖瘂口不能語耳无所聞
如是等病逼切其身志意錯亂无有飲食資
產財業遠離善知識成就諸惡亦為惡見之
所覆鄣造衆逆罪而說斷見惱亂我等聲聞
弟子持戒清淨脩功德者為惡所染若人下
根下精進不求聲聞辟支佛乘於大乘道而
生斷見欲求人身尚難可得況求聲聞辟支
佛乘於此二乘尚不能行況復能了甚深大
乘譬如坏瓶多諸穿穴若盛油水則皆漏盡
而俱失壞何以故是器還故若有衆生根不
熟者亦復如是同彼瓶相善男子如盲人前

熟者亦復如是同彼飢相善男子如盲人前
示種種寶如是智无慧者憍慢放逸乃至斷
見廣示大乘亦復如是不能了知譬如有人
具身見繫雖以栴檀沉水香等種種塗身猶
不能香如是不愍求聲聞辟支佛乘不斷惡
業乃至耶見者以摩訶衍大乘香塗猶故不
香譬如薄田雖殖好種終不能成如是不能
愍求聲聞辟支佛乘於彼五欲不生猒離如
是之人若以摩訶衍道而為說之則不能成
譬如毒飢著少石蜜不任食用若不能修聲
聞辟支佛乘乃至大乘言无因果者若欲為
說大乘經典不能令彼如聞脩學則不信受
猶如毒飢置以石蜜如是之[illegible]聲聞[illegible]

狂人前若彈埿獲箏笛鼓具作眾伎樂不任
解了如是不能聽求聲聞辟支佛乘有重貪
欲瞋恚愚癡乃至於聲聞乘根不熟者若為
說摩訶衍道亦不能了辟若有人不持鎧杖
而入戰陣既入之後必當得於无量苦惱如
是不能聽求聲聞辟支佛乘根不熟者若為
顯示摩訶衍乘亦復如是必當得彼无量苦
惱是故善男子有智之人先觀眾生然後說
法以悲喜捨心反利益心不懈怠心以忍辱
心不憍慢放逸心无嫉妬心无恡惜心以禪
定心為人說法亦不令他墮墜惡趣不如意
處是故如来能知他心救濟眾生隨其信輪

□心爲人說法亦不令他墮隨惡趣不如意
處是故如來能知他心援濟衆生隨其信輪
而爲說法以大莊嚴而自莊嚴若爲菩薩摩
訶薩說法恒以大悲因緣爲斷衆生一切結
使而爲說法度諸有海爲於三乘中隨使成
就一乘故而爲說法終不欲令墮於生死而
爲說法分別諸陰而爲說法分別諸入而爲
說法分別諸界而爲說法分別欲界道而爲
說法分別色界无色界道而爲說法不爲令
世有不爲後世有不爲行有不爲心想有不
爲心行有不爲意思有不爲无明有乃至不
爲生老死有不爲行无行衆生而爲說法乃
至行非行窮滅而爲說法一切想无生而爲

持一切遍滿虛空廣諸國土觀察世間諸行
起滅猶如幻化不與聲聞辟支佛共是故名
斷一切行輪如是善男子如來以如是相為
諸衆生種種說法亦如虛空无有分別与无
量三昧自在遊戲而為說法如是菩薩以大
莊嚴而自莊嚴為諸衆生說色非空離色非
空乃至識非空離識亦非空眼非空離眼亦
非空乃至意非空離意亦非空眼識非空離
眼識亦非空意識非空離意識亦非空空處
非空離空處亦非空識處非空離識處亦非
空无所有處非空離无所有處亦非空非想
非非想處非空離非想非非想處亦非空四

非非想處非空離非想非非想處亦非空四
念處非空離四念處亦非空道亦非空離道
亦非空十二因緣三不護法十力四无所畏
十八不共法大慈大悲大喜大捨乃至涅槃
非空離涅槃亦非空善男子是名如來中道
實義決定性相為他衆生分別演說諸行无
生住持正法遍滿虛空乃至无量禪定一切
法相皆如日光照明開示令入三昧為得涅
槃令使解脫菩薩摩訶薩如是說法為衆第
一利益衆生諦聽甚深法已隨意所欲於三
乘中隨所脩習種種善根則善住一乘亦不
增益諸不善法具行堅固不退涅槃菩薩摩
訶薩[illegible]

断一切衆生四流而爲說聲聞辟支佛乘
但爲自己断四流故而爲說法菩薩摩訶薩
爲断衆生煩惱病故而爲說法聲聞縁覺爲
断己煩惱故而爲說法菩薩爲断衆生煩惱
業習使无餘故而爲說法聲聞縁覺雖断煩
惱習有餘故而爲說法菩薩摩訶薩爲令衆
生得大悲果報故而爲說法聲聞縁覺離於
大悲而爲說法菩薩摩訶薩但爲悲愍諸衆
生故而爲說法聲聞縁覺雖復說法實无悲
愍利益之心菩薩摩訶薩爲滅衆生諸毒苦
故而爲說法聲聞縁覺但滅己苦故而爲說
法菩薩摩訶薩爲滿一切法味故而爲說法

法菩薩摩訶薩為滿一切法味故而為說法
聲聞緣覺自滿已法故而為說法菩薩摩訶
薩為一切衆生得法光照成大明故而為說
法聲聞緣覺但為自得法之照明不為衆生
演說法相善男子是名略說滅除一切大无
明闇得大明故為欲成就一切種智慧覺悟
故乃為他人分別說法聲聞緣覺為欲滅己
无明闇鄣内自照明得正覺悟善男子聲聞
緣覺不為衆生而生歡悲不為懸拔度脫他
人不為於他令得名譽稱揚讚嘆不毀他人
而生諂曲但自護己不護於彼不為安樂一
切衆生聲聞緣覺若見他人有微少過必起
少[illegible]善男子菩薩摩訶薩住大乘

意業過善男子若有衆生起於麁弊愚癡惡
口自謂為智乃至不離耶見為求他利而生
嫉妬貪著名稱自舉輕他不能守護身口意
等心常念惡无有慈傷而害惱亂選擇福田
若有依我而出家者不見其過輕毀罵詈心
常散亂不自省己念譏彼闕於大乘人雖生
願樂无窮靜心起重惡心求離他人恒作是
語而自稱說是大乘人亦教他讀誦但自讀
己非毀於他以是義故讚嘆大乘自不調伏
於大乘道而欲教他循行大乘便作是說自
謂大乘辟諸惡行律師而教人言如是諂曲
難得人身亦失聲聞辟支佛乘常趣惡道不

難得人身亦失聲聞辟支佛乘常趣惡道不
欲親近諸有智者而唱是言作師子吼我是
大乘善男子譬如有驢著師子皮自以為師
子有人遠見亦謂師子驢未鳴時无能分別
既出聲已遠近皆知非實師子諸人見者皆
悉嗤言此弊惡驢非師子耶我今所說亦如
是等者造十惡燒滅人種非諸聲聞辟支佛
器破壞種子如是愚癡誑惑他言我是大乘
善男子譬如有人而无手足欲至戰陣无所
能施破戒之人亦復如是欲與結使煩惱戰
鬪我說是人終无果報毀犯禁戒作惡行者
於一切處不成法器若自說言我是大乘能
救一切衆[illegible]

威儀清淨慚愧具足畏於後世遠離一切不
善等法喜樂一切諸善功德而於衆生起大
悲心亦能濟度一切苦厄擁護生死諸怖畏
者不著己樂度於彼樂常懃精進專念不捨
心樂寂定捨於諂僞邪惑欺誑善知業知業
果報不著五欲世間八法所不能染樂觀陰
界如救頭燃如救衣燃安住聲聞種有如是
相名聲聞乘則於大乘所不堪任辟支佛乘
復有何相若人具上廿法者則能常觀五受
陰生滅等相明觀諸法皆因緣生亦知滅相
如是之人不任大乘不能成於大乘法器亦
時如來以是義故而說偈言

BD00273　大方廣十輪經卷六

時如來以是義故而說偈言
刹利依止十　婆羅門首陀　若脩真善行　堪為聲聞器
辟支佛勝乘　三業悉清淨　守護於諸根　所說好柔濡
分別觀諸陰　果入六復然　樂獨空閑處　善慧觀因緣
常攝於諸根　依止是十輪　於諸无壞乘　堪任為法器
疲度於有海　等行於三輪　不依於結使　而近解脫行
不任大乘器　不具大勝輪　不懃求大乘　并諸下根者
若有愚癡人　心常壞解怠　是故非大乘　亦不堪大器
獨一乘解脫　癡諂无慙行　常行於斷見　彼亦趣惡道
棄捨於正法　而說於非法　遮斷三乘道　捨俗欲受具
惱壞賢聖法　打擲繫縛者　毀訾而誹謗　亦自壞其身
為欲脩人身　不舌疼而死　常值諸佛者　顯示三乘法

以悲心說法　隨心而不樂　具分別三乘　必成佛无疑
說法如虛空　而心无所依　陰界入皆空　必成佛无疑
佷戾善破戒　若聞讀大乘　詐稱為菩薩　驢被師子皮
我今為眾說　欲得勝菩提　護持於十善　莫壞於我法
我於餘經說　行第一菩提　離聲聞緣覺　為淨眾生說
曾供億諸佛　滅惡心解脫　我從彼所聞　但一无二乘
此眾說三乘　有住聲聞者　心惱多造作　不作道器故
有住於緣覺　愚闇於勝法　不住上乘器　隨所欲而說
頭陀聞解脫　當墮惡於道　令陰而脈亂　終不能差病
如是聲聞器　狂心說斷見　是故先觀察　然後應說法
尒時世尊說是偈已於大眾中无量百千人
民多有空亂意眾生斷於善根說无因果趣

民多有空乱意衆生断於善根説无因果趣
向悪道若得正見在世尊前能至心懺悔而
白佛言我於如来正法之中久脩聲聞殖諸
善根而不能成聲聞法器方復更求辟支佛
無漏道不了更起断見獲无量罪我等今悲
於世尊前誠心懺悔唯願哀愍受我等懺悔
拔除罪根不受悪報還脩善根求聲聞乗佛
言善哉善哉善男子汝等若能發露誠心懺
悔於我法中説有二種得无所犯一者本不
作悪二者作已能悔是二種人倶獲清浄
尒時世尊爲无量百千衆生随順其心説四
諦法有得法悉有得世間第一法有得須陁

尒時衆會復有七十五那由他百千人等墮
於斷見斷諸善根應趣惡道者還得正見悉
於佛前自歸發露誠心懺悔作如是言我等
本種辟支佛因緣而不能成今聞大乘心生
愛樂我等愚闇便起斷見言无因果以是因
緣造作无量身口意業諸餘惡業以是義故
於多劫中常墮惡道受无量苦今於佛前皆
悉發露至心懺悔不敢覆藏爲欲滿足緣覺
乘故隨彼意說得光相三昧逮不退轉辟支
佛乘時彼衆中復有八十那由他百千衆生
舌不能語皆於過去誹謗无量恒沙諸佛所
說正法乃至誹謗一句一偈以是罪業不能

舌不能語皆於過去誹謗无量恒沙諸佛所
說正法乃至誹謗一句一偈以是罪業不能
懺悔佛神力故令使今日皆悉能言尒時世
尊知而故問汝等宿世作何惡業於此會中
口不能語彼即答言我於過去毗鉢尸佛法
中誹謗大乘或有說言謗聲聞乘或有說言
謗辟支佛乘以是業鄣罪報因緣於九十一
劫墜墮生死常處地獄及受餓鬼舌不能語
受大苦惱始於今日得服人身蒙佛神力始
今得語佛神力故得宿命智能知過去一切
所作惡業因緣有說尸棄佛隨葉佛拘樓秦
佛拘那含牟尼佛迦葉佛所誹謗正法乃至
一句一偈以佛神力悉知過去所作惡行一

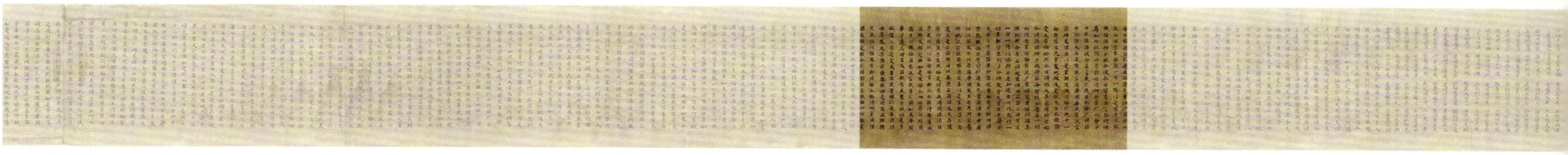

發露懺悔我等皆於過去无量諸佛中中若
任法器及不任者諸聲聞衆多起譏訶自譽
輕他誹謗毀罵揚惡過善以是業鄣墮三惡
道具受苦痛雖復供養過去諸佛及大菩薩
摩訶薩衆乃至懺悔受持禁戒得聞佛法自
學教他但以誹謗餘業鄣故不能得趣究竟
涅槃及禪定樂如是罪緣今向世尊自歸發
露至心懺悔復有說言我等於諸如來聲聞
弟子奪其財業及諸飲食或繫牢獄以是業
故墮三惡道受大重苦我等雖於過去諸佛
世尊及大菩薩前發露懺悔受持讀誦種種
禁戒但以餘罪業鄣因緣不能得向究竟涅
槃及禪定樂今於佛前皆悉懺悔一切餘業

[illegible]
槃及禪定樂今於佛前皆悉懺悔一切餘業
无量罪鄣唯願世尊受我等懺悔拔除一切
三惡道苦自今以後願佛神力令我所樂隨
意无㝵得於涅槃及禪定樂尒時世尊告諸
聲聞及大菩薩此是五逆餘業罪鄣但有名
字无有實法皆由惱亂聲聞弟子能生大罪
何以故破毀禁戒諸惡比丘猶能為諸无量
百千万那由他人而作珎寶之大伏藏况持
淨戒熾然三寶者而起擾亂是即名為斷三
寶種成就惡業亦名壞於一切衆生法眼毀
佛正法若見有人依我出家而擾亂者如是
業鄣過諸逆罪我今當以悲心哀愍汝等如
[illegible]

法具寂後佛号曰樓至如來應供正真等正
覺汝亦於彼皆悉發露一切業鄣永盡消滅
時諸菩薩及大聲聞俱共白佛唯然世尊如
教脩行我等於賢劫中當墮三惡及阿鼻獄
受種種苦猶能堪忍況復於彼樓至如來今
我懺悔使得正見解諸邪見業鄣衆罪皆悉
消除尒時如來讚諸聲聞及大菩薩善哉善
哉汝等能以如是勇猛精進令本惡業皆悉
消滅能生信解第一恭敬值遇諸佛得諸三
昧棄捨結漏得阿羅漢尒時世尊告金剛藏
菩薩摩訶薩善男子我以佛眼皆悉觀見无
量阿僧祇百千那由他衆生剎利稱陁羅乃

BD00273　大方廣十輪經卷六

量阿僧祇百千那由他衆生刹利旃陁羅乃
至男女旃陁羅於未來世少種善根而得人
身為惡知識之所破壞於甚深法不信信樂
多起謗毀於藏說法具足聲聞辟支佛乘者
或有遮斷大乘者於我聲聞弟子成器不成
器者如上所說以愚癡故自謂為智於此終
沒無數百千劫於地獄中受無量苦如先所
說此諸人等難得人身寧受阿鼻地獄諸大
重罪終不受是謗法人身何以故隨順惡知
識憍慢自恣常作如是諸惡業者終不得度
生死彼岸四流所漂受大苦惱當於尒時有
大智者而潸淚作如是言視諸衆生難得

戒禪定智慧如是衆生以愚癡故憍慢自恣
有如是相毀壞佛法悉如上說世尊我今從
日〻於佛前而發誓願我等雖處生死不壞
正法願於未來世諸佛法中不斷三寶尒時
復有大士聰明智慧從坐而起合掌叉手而
發誓言我等雖在生死不得法忍已來具於
中間願莫受身莫作輔相大臣乃至令長村
邑聚落等主不作國師軍幢将師長宿之處
不作祠祀主估客商人處不作居士處不作
庶人處不作斷事處若不得法忍不於衆生
居自在處若作是等則於佛法名重因緣必
當墮於阿鼻地獄一切大衆天龍夜叉乾闥
婆阿脩羅迦樓羅緊那羅摩睺羅伽人非人

當[illegible]於[illegible]比[illegible]一切大衆天龍夜叉乾闥
婆阿脩羅迦樓羅緊那羅摩睺羅伽人非人
等皆悲泣淚而白佛言世尊我等本處生死
所作惡業若身業若口業若意業多所造作
或復隨喜今於佛前皆悉發露懺悔除滅更
不敢作如是第二第三亦復如是不於生死
隨惡知識亦願我身不造惡業悉如上說尒
時世尊告諸大衆善哉善哉善男子汝能如
是畏於後世欲度生死諸有流苦欲入无畏
大涅槃城發此誓已善男子具足十法則得
成就无著法忍善男子菩薩摩訶薩不著內
身不著外身不著內外身不著過去未來現
在身是名菩薩初得成就无餘法忍復次不

識不著外識不著内外識不著過去未來現
在識不著前世不著今世不著後世不著色
果不著无色果是名菩薩摩訶薩成就十法
得无著忍若能如是於如來所說法是時七
十二那由他百千菩薩得无生忍八万四千
那由他菩薩皆得順忍无量那由他百千聲
聞斷諸結漏得阿羅漢无量那由他百千衆
生未發菩提心者今皆發心復有无量衆生
亦得發於辟支佛心尒時世尊告金剛藏菩
薩若有衆生成就法忍者應得灌頂轉輪聖
王所有飲食无量財業具餘衆生不得法忍
者亦不能得灌頂轉輪王位金剛藏菩薩曰

三所有飲食无量財業具飲衆生不得法忍
者亦不能得觀頂轉輪王位金剛藏菩薩曰
佛言世尊為灌頂刹利王不得忍者云何而
得飲食財業佛言灌頂王雖不得法忍能成
就十善者我亦聽作國王飲食財業任意自
在善男子灌頂刹利王若不得法忍又不具
足脩行十善名為刹利旃陁羅如是愚癡當
破甚深藏然佛法斷三寶種而便擾亂聲聞
弟子亦作无量種種隨罸奪其財物基業誹
謗善法而心覆藏不令顯現或奪塔物僧祇
如是之人皆悉趣向阿鼻地獄金剛藏菩薩
曰佛言世尊若灌頂刹利王不得法忍復不
具足人脩行十善亦當久得免所究非言說

者能成就信力歸依三寶不謗正法乃至一
句一偈亦不擾惱聲聞弟子持戒清淨有德
之者不取佛物僧祇物若人見有擾亂如此
比丘而復奪於佛物僧祇物者能爲遮制令
无假毁數數聽受順於寶法於三寶中常應
供養親近是人清淨比丘得堅固願於摩訶
衍心无疑惑亦能成就大乘衆生建立正法
信大乘者如是灌頂刹利王者已於宿世諸
如來所得具城邑資生財物我亦知之不墮
惡道若欲永滅一切惡者應當脩行如是正
法於過去世所作惡業悉得除盡

法於過去世所作惡業悉得除盡

十輪經卷第六

勘紀

BD00274 妙法蓮華經卷四

（後秦）鳩摩羅什 譯

90.7cm × 25cm

遙見
…至如是我昔欲令…
年日月以无價寶珠繫
而汝不知懃苦憂惱以求自
今可以此寶貿易所須常…
佛亦如是為菩薩時教化我
心而尋廢忘不知不覺既得阿…[illegible]謂
滅度資生艱難得少為足一切智[illegible]猶在不
失今者世尊覺悟我等作如是言諸比丘汝
等所得非究竟[illegible]久令汝等種佛善根以
方便故示涅槃相而汝謂為實得滅度世尊
我今乃知實是菩薩得受阿耨多羅三藐三
菩提記以是因緣甚大歡喜得未曾有尒時

今於世尊前　自悔諸過咎　於无量佛寶　得少涅槃分
如无智愚人　便自以為足　譬如貧窮人　往至親友家
其家甚大富　具設諸餚饍　以无價寶珠　繫著內衣裏
嘿與而捨去　時臥不覺知　是人既已起　遊行詣他國
求衣食自濟　資生甚艱難　得少便為足　更不願好者
不覺內衣裏　有无價寶珠　與珠之親友　後見此貧人
苦切責之已　示以所繫珠　貧人見此珠　其心大歡喜
富有諸財物　五欲而自恣　我等亦如是　世尊於長夜
常愍見教化　令種无上願　我等无智故　不覺亦不知
得少涅槃分　自足不求餘　今佛覺悟我　言非實滅度
得佛无上慧　介乃為真滅　我今從佛聞　受記莊嚴事
及轉次受決　身心遍歡喜

妙法蓮華經授學无學人記品第九

介時阿難羅睺羅而作是念我等每自

尒時阿難羅睺羅而作是念我等每自
設得受記不亦快乎
面礼足俱白佛言世尊我等於此亦應有
唯有如来我等所歸又我等為一切世間天
人阿脩羅所見知識阿難常為侍者護持法
藏羅睺羅是佛之子若佛見授阿耨多羅三
藐三菩提記者我願既滿衆望亦足尒時學
无學聲聞弟子二千人皆從座起偏袒右肩
到於佛前一心合掌瞻仰世尊如阿難羅睺
羅所願住立一面尒時佛告阿難汝於来世
當得作佛号山海慧在通王如来應供正
遍知明行足善逝世間解无上士調御丈夫
天人師佛世尊當供養六十二億諸佛護持
法藏然後得阿耨多羅三藐三菩提教化二

爲地劫名妙音遍滿其佛壽命无量千万億
阿僧祇劫若人於千万億无量阿僧祇劫中
筭數校計不能得知正法住世倍於壽命像
法住世復倍正法阿難是山海慧自在通王
佛爲十方无量千万億恒河沙等諸佛如来
所共讚歎稱其功德尒時世尊欲重宣此義
而說偈言
我今僧中說　阿難持法者　當供養諸佛　然後成正覺
号曰山海慧　自在通王佛　其國土清淨　名常立勝幡
教化諸菩薩　其數如恒沙　佛有大威德　名聞滿十方
壽命无有量　以愍衆生故

BD00275 維摩詰所說經卷中

（後秦）鳩摩羅什 譯

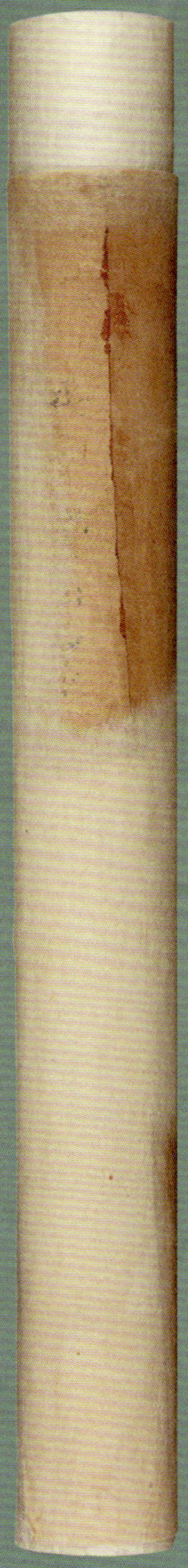

97cm × 25.5cm

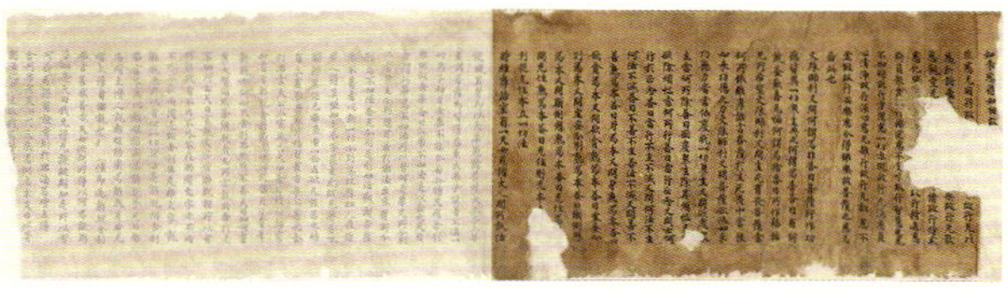

如来慈得如相故
然慈无因得故[illegible]故行无比
慈斷諸憂[illegible]衆故行无猒
慈觀空无[illegible]惜故行持戒
慈化衆[illegible]故行精進慈
荷負衆生故行禪定慈不受味故行智慧慈无
不知時故行方便慈一切亦現故行无隱慈直
心清淨故行深心慈无雜行故行无誑慈不
虛假故行安樂慈令得佛樂故菩薩之慈爲
若此也
文殊師利又問何謂爲悲答曰菩薩所作功
德皆與一切衆生共之何謂爲喜答曰有所
饒益歡喜无悔何謂爲捨答曰所作福祐
[illegible]

何所依維摩詰言菩薩於生死畏中當依
如來功德之力文殊師利又問菩薩欲依如來
功德力者當依度脱一切衆生又問欲度衆
生當何所除荅曰欲度衆生除其煩惱又問
欲除煩惱當何所行荅曰當行正念又問云何
行於正念荅曰當行不生不滅又問何法不生
何法不滅荅曰不善不生善法不滅又問善不
善孰爲本荅曰身爲本又問身孰爲本荅曰
欲貪爲本又問欲貪孰爲本荅曰虚妄分
別爲本又問虚妄分別孰爲本荅曰顛倒想
爲本又問顛倒想孰爲本荅曰无住爲本又
問无住孰爲本荅曰无住則无本文殊師
利從无住本立一切法
時維摩詰室有一天女見諸大人聞所説法

時維摩詰室有一天女見諸大人聞所説法
便現其身即以天華散諸菩薩大弟子上華
至諸菩薩即皆墮落至大弟子便著不墮一
切弟子神力去華不能令去尒時天問舍利
弗何故去華荅曰此華不如法是以去之天曰
勿謂此華爲不如法所以者何是華无所分別
仁者自生分別想耳若於佛法出家有所分
別爲不如法若无分別是則如法觀諸菩薩
華不著者以斷一切分別想故譬如人畏時
非人得其便如是弟子畏生死故色聲香味
觸得其便已離畏者一切五欲无能爲也結
習未盡華著身耳結習盡者華不著也舍
利弗言天止此室其已久如荅曰我止此室

解脫亦何如久舍利弗黙然不荅天曰如何耆
舊大智而黙荅解脫者无所言說故吾於是
不知所云天曰言說文字皆解脫相所以者
何解脫者不内不外不在兩間文字亦不内
不外不在兩間是故舍利弗无離文字說
解脫也所以者何一切諸法是解脫相舍利
弗言不復以離婬怒癡為解脫乎天曰佛
為增上慢人說離婬怒癡為解脫耳若无
增上慢者佛說婬怒癡性即是解脫舍利
弗言善哉善哉天女汝何所得以何為證辯
乃如是天曰我无得无證故辯如是所以者
何若有得有證者則於佛法為增上慢
舍利弗問天汝於三乘為何志求天曰以聲
聞法化衆生故我為聲聞

BD00276 金剛般若波羅蜜經

（後秦）鳩摩羅什 譯

BD00276v 天地八陽神咒經

238.5cm × 26.5cm

伏其心佛告
多羅三藐三菩提者當生如是心我應滅
一切衆生滅度一切衆生已而无有一衆生
實滅度者何以故若菩薩有我相人相衆生
相壽者相則非菩薩所以者何須菩提實无
有法發阿耨多羅三藐三菩提者
須菩提於意云何如来於然燈佛所有法得
阿耨多羅三藐三菩提不不也世尊如我解
佛所說義佛於然燈佛所无有法得阿耨多
羅三藐三菩提佛言如是如是須菩提實无
有法如来得阿耨多羅三藐三菩提須菩提
若有法如来得阿耨多羅三藐三菩提然燈
佛則不與我受記汝於来世當得作佛號釋

提是故然燈佛與我受記作是言汝於来世
當得作佛号釋迦牟尼何以故如来者即諸
法如義若有人言如来得阿耨多羅三藐三
菩提須菩提實无有法佛得阿耨多羅三藐
三菩提須菩提如来所得阿耨多羅三藐三
菩提於是中无實无虛是故如来說一切法
皆是佛法須菩提所言一切法者即非一切
法是故名一切法
須菩提譬如人身長大須菩提言世尊如来
說人身長大則為非大身是名大身
須菩提菩薩亦如是若作是言我當滅度无
量衆生則不名菩薩何以故須菩提實无有
法名為菩薩是故佛說一切法无我无人无

量衆生則不名菩薩何以故須菩提實无有
法名爲菩薩是故佛說一切法无我无人无
衆生无壽者須菩提若菩薩作是言我當莊
嚴佛土是不名菩薩何以故如來說莊嚴佛
土者即非莊嚴是名莊嚴須菩提若菩薩通
達无我法者如來說名真是菩薩
須菩提於意云何如來有肉眼不如是世尊
如來有肉眼須菩提於意云何如來有天眼
不如是世尊如來有天眼須菩提於意云何
如來有慧眼不如是世尊如來有慧眼須菩
提於意云何如來有法眼不如是世尊如來
有法眼須菩提於意云何如來有佛眼不如
是世尊如來有佛眼須菩提於意云何恒河

如是等恒河是諸恒河所有沙數佛世界如
是寧為多不甚多世尊佛告須菩提尒所國
土中所有衆生若干種心如來悉知何以故
如來說諸心皆為非心是名為心所以者何
須菩提過去心不可得現在心不可得未來
心不可得須菩提於意云何若有人滿三千
大千世界七寶以用布施是人以是因緣得
福多不如是世尊此人以是因緣得福甚多
須菩提若福德有實如來不說得福德多以
福德无故如來說得福德多
須菩提於意云何佛可以具足色身見不不
也世尊如來不應以具足色身見何以故如
來說具足色身即非具足色身是名具足色

来說具足色身即非具足色身是名具足色
身須菩提於意云何如来可以具足諸相見
不不也世尊如来不應以具足諸相見何以
故如来說諸相具足即非具足是名諸相具
足須菩提汝勿謂如来作是念我當有所說
法莫作是念何以故若人言如来有所說法
即為謗佛不能解我所說故須菩提說法者
无法可說是名說法
須菩提白佛言世尊佛得阿耨多羅三藐三
菩提為无所得耶如是如是須菩提我於阿
耨多羅三藐三菩提乃至无有少法可得是
名阿耨多羅三藐三菩提復次須菩提是法
平等无有高下是名阿耨多羅三藐三菩提

得阿耨多羅三藐三菩提須菩提所言善法
者如來說非善法是名善法
須菩提若三千大千世界中所有諸須彌山
王如是等七寶聚有人持用布施若人以此
般若波羅蜜經乃至四句偈等受持讀誦為
他人說於前福百分不及一百千万億分乃
至筭數譬喻所不能及
須菩提於意云何汝等勿謂如來作是念我
當度衆生須菩提莫作是念何以故實无有
衆生如來度者若有衆生如來度者如來則
有我人衆生壽者須菩提如來說有我者則
非有我而凡夫之人以為有我須菩提凡夫
者如來說則非凡夫
須菩提於意云何可以三十二相觀如來不

者如来說則非凡夫
須菩提於意云何可以三十二相觀如来不
須菩提言如是如是以三十二相觀如来佛
言須菩提若以三十二相觀如来者轉輪聖
王則是如来須菩提白佛言世尊如我解佛
所說義不應以三十二相觀如来尒時世尊
而說偈言
若以色見我　以音聲求我　是人行邪道　不能見如来
須菩提汝若作是念如来不以具足相故得
阿耨多羅三藐三菩提須菩提莫作是念如
来不以具足相故得阿耨多羅三藐三菩提
須菩提汝若作是念發阿耨多羅三藐三菩
提者說諸法斷滅莫作是念何以故發阿耨

相若菩薩以滿恒河沙等世界七寶布施若
復有人知一切法无我得成於忍此菩薩勝
前菩薩所得功德須菩提以諸菩薩不受福
德故須菩提白佛言世尊云何菩薩不受福
德須菩提菩薩所作福德不應貪著是故說
不受福德
須菩提若有人言如来若来若去若坐若卧
是人不解我所說義何以故如来者无所從
来亦无所去故名如来
須菩提若善男子善女人以三千大千世界
碎為微塵於意云何是微塵衆寧為多不甚
多世尊何以故若是微塵衆實有者佛則不
說是微塵衆所以者何佛說微塵衆則非微
塵衆是名微塵衆世尊如来所說三千大千

說是微塵衆所以者何佛說微塵衆則非微
塵衆是名微塵衆世尊如來所說三千大千
世界則非世界是名世界何以故若世界實
有者則是一合相如來說一合相則非一合
相是名一合相須菩提一合相者則是不可
說但凡夫之人貪著其事須菩提若人言佛
說我見人見衆生見壽者見須菩提於意云
何是人解我所說義不世尊是人不解如來
所說義何以故世尊說我見人見衆生見壽
者見即非我見人見衆生見壽者見是名我
見人見衆生見壽者見須菩提發阿耨多羅
三藐三菩提心者於一切法應如是知如是
見如是信解不生法相須菩提所言法相者

以滿無量阿僧祇世界七寶持用布施若有
善男子善女人發菩薩心者持於此經乃至
四句偈等受持讀誦為人演說其福勝彼云
何為人演說不取於相如如不動何以故
一切有為法 如夢幻泡影 如露亦如電 應作如是觀
佛說是經已長老須菩提及諸比丘比丘尼
優婆塞優婆夷一切世間天人阿脩羅聞佛
所說皆大歡喜信受奉行

金剛般若波羅蜜經

佛說八陽神呪經聞如一時佛在毗耶達
城寂然宅中十方相隨四眾圍遶爾時无
礙菩薩在大眾中即從座起合掌向佛而白佛
言世尊此閻浮提眾生遞相生死无始已來相續
不斷有識者少无智者多長壽者少短命者多富
貴者少貧賤者多智慧者少愚癡者多溫柔者
少鬪諍者多念佛者少求神者多正直者少
曲諂者多清慎者少貪濁者多致使世俗澆薄
觀法荼毒賦役煩重百姓窮苦所求難得良由
信邪倒見獲如是苦唯願眾生說其正見之
法令得悟解免依眾苦

BD00276v　天地八陽神咒經

BD00277 大乘入楞伽經卷四

（唐）實叉難陀 譯

903.8cm × 28cm

生无作行意成
相是名種類俱生无
身相當勤觀察尒
諦非解脫　亦非无相境
種種意成身　自在花莊嚴
摩訶薩復白佛言世尊如世
業何者為五若人作已隨阿鼻
尊說五
獄佛言諦聽當為汝說大慧言唯佛告大慧
五无閒者所謂煞母煞父煞阿羅漢破和合僧
懷惡逆心出佛身血大慧何者為衆生母謂
引生愛與貪喜俱如母養育何者為父所
謂无明入

……何煞阿羅漢謂隨眠為怨如鼠毒
發究竟斷彼是故說名煞阿羅漢云何破和
合僧謂諸蘊異相和合積聚究竟斷彼名為
破僧云何惡心出佛身血謂八識身妄生思覺
見自心外自相共相以三解脫无漏惡心究
竟斷彼八識身佛名為惡心出佛身血大慧
是為內五无間若有作者无間即得現證實
法復次大慧今為汝說外五无間令汝及餘
菩薩聞是義已於未來世不生疑惑云何外
五无間謂餘教中所說无間若有作者於三
解脫不能現證唯除如來諸大菩薩及大聲
聞見其有造无間業者為欲勸發令其改過
以神通力示同其事尋即悔除證於解脫此
皆化現非是實造若有實造无間業者終

皆化現非是實造若有實造无間業者終
无現身而得解脫唯除覺了自心所現身資所
住離我我所分別執見或於來世餘處受生
遇善知識離分別過方證解脫尒時世尊重
說偈言
貪愛名爲母 无明則是父 識了於境界 此則名爲佛
隨眠阿羅漢 蘊聚和合僧 斷彼无餘間 是名无間業
尒時大慧菩薩摩訶薩復白佛言世尊願爲
我說諸佛體性佛言大慧覺二无我除二種
障離二種死斷二煩惱是佛體性大慧聲聞
緣覺得此法已亦名爲佛我以是義但說一
乘尒時世尊重說頌言
善知二无我 除二障二惱 及不思議死 是故名如來
尒時大慧菩薩摩訶薩復白佛言世尊如來

以何密意於大衆中唱如是言我是過去一切
諸佛及說百千本生之事我於尒時作頂生
王大烏鸚鵡月光妙眼仙人如是等佛言大慧
如來應正等覺依四平等秘密意故於大
衆中作如是言我於昔時作拘留孫佛拘那
含牟尼佛迦葉佛云何爲四所謂字平等語
平等身平等法平等云何字平等謂我名佛
一切如來亦名爲佛佛名无別是謂字等云
何語平等謂我作六十四種梵音聲語一切如
來亦作此語迦陵頻伽梵音聲性不增不減
无有差別是名語等云何身平等謂我與諸
佛法身色相及隨形好等无差別除爲調伏
種種衆生現隨類身是謂身等云何法平等
謂我與諸佛皆同證得卅七種菩提分法是

種種衆生現隨類身是謂身等云何法平等
謂我與諸佛皆同證得卅七種菩提分法是
謂法等是故如來應正等覺於大衆中作
如是說尒時世尊重說頌言
迦葉拘留孫　拘那含是我　依四平等故　爲諸佛子說
尒時大慧菩薩摩訶薩復白佛言世尊如世
尊說我於某夜成最正覺乃至某夜當入涅
槃於其中間不說一字亦不已說亦不當說亦
不今說是佛說世尊依何密意作如是語佛
言大慧依二密法故作如是說云何二法謂自
證法及本住法云何自證法謂諸佛所證我
亦同證不增不減證智所行離言說相離分
別相離名字相云何本住法謂法本性如金
等在鑛若佛出世若不出世法住法位法界

法性皆悉常住大慧譬如有人行曠野中見
向古城平坦舊道即便隨入止息遊戲大慧
於汝意云何彼作是道及以城中種種物耶
白言不也佛言大慧我及諸佛所證真如常
住法性亦復如是是故說言始從成佛乃至
涅槃於其中間不說一字亦不已說亦不當
說尒時世尊重說頌言
某夜成正覺　某夜般涅槃　於此二中間　我都无所說
自證本住法　故作是密語　我及諸如來　无有少差別
尒時大慧菩薩摩訶薩復白佛言世尊願說
一切法有无相令我及諸菩薩摩訶薩離此
相疾得阿耨多羅三藐三菩提佛言諦聽
當為汝說大慧言唯佛言大慧世間衆生多
墮二見謂有見无見墮二見故非出出想而

當為汝說大慧言唯佛言大慧世間衆生多
墮二見謂有見无見墮二見故非出出想云何
有見謂實有因緣而生諸法非不實有實有
諸法從因緣生非无法生大慧如是說者則說
无因云何无見謂知受貪瞋癡已而妄計言
无大慧及彼分別有相而不受諸法有復有
知諸如來聲聞緣覺无貪瞋癡性而計為非
有此中誰為壞者大慧白言謂有貪瞋癡
性後取於无名為壞者佛言善哉汝解我問
此人非但无貪瞋癡名為壞者亦壞如來聲
聞緣覺何以故煩惱內外不可得故體性非
異非不異故大慧貪瞋癡性若內若外皆不
可得无體性故无可取故聲聞緣覺及以如
來本性解脫无有能縛及縛因故大慧若有

者是為無有相我依此義密意而說寧起我
見如須彌山不起空見懷增上慢若起此見
名為壞者隨自共見樂欲之中不了諸法唯
心所現以不了故見有外法剎那無常展轉
差別蘊界處相相續流轉起已還滅虛妄分
別離文字相亦成壞者尒時世尊重說頌言

有無是二邊　乃至心所行　淨除彼所行　平等心寂滅
不取於境界　非滅無所有　有真如妙物　如諸聖所行
本無而有生　生已而復滅　因緣有及無　彼非住我法
非外道非佛　非我非餘眾　能以緣成有　云何而得無
誰以緣成有　而復得言無　惡見說為生　妄想計有無
若知無所生　亦復無所滅　觀世悉空寂　有無二俱離

尒時大慧菩薩摩訶薩復請佛言世尊唯願

若知无所生 亦復无所滅 觀世悉空寂 有无二俱離
尒時大慧菩薩摩訶薩復請佛言世尊唯願
爲説宗趣之相令我及諸菩薩摩訶薩善達
此義不隨一切衆邪妄解疾得阿耨多羅三
藐三菩提佛言諦聽當爲汝説大慧言唯
佛言大慧一切二乘及諸菩薩有二種宗法
相何等爲二謂宗趣法相言説法相宗趣法
相者謂自所證殊勝之相離於文字語言分
別入无漏界成自地行超過一切不正思覺伏
魔外道生智慧光是名宗趣法相言説法
相者謂説九部種種教法離於一異有无等
相以巧方便隨衆生心令入此法是名言説
法相汝及諸菩薩當勤脩學尒時世尊重
説頌言

宗趣與言說　自證及教法　若能善知見　不隨他妄解
如愚所分別　非是真實相　彼豈不求度　无法而可得
觀察諸有為　生滅等相續　增長於二見　顛倒无所知
涅槃離心意　唯此一法實　觀世悉虛妄　如幻夢芭蕉
无有貪恚癡　亦復无有人　從愛生諸蘊　如夢之所見
尒時大慧菩薩摩訶薩復白佛言世尊願為
我說虛妄分別相此虛妄分別云何而生是
何而生因何而生誰之所生何故名為虛妄
分別佛言大慧善哉善哉汝為哀愍世間天
人而問此義多所利益多所安樂諦聽諦聽
善思念之當為汝說大慧言唯佛言大慧一
切衆生於種種境不能了達自心所現計能
所取虛妄執著起諸分別墮有无見增長外
道妄見習氣心心所法相應起時執有外義

所取虛妄執著起諸分別隨有无見增長外
道妄見習氣心心所法相應起時執有外義
種種可得計著於我及以我所是故名為虛妄
分別大慧白言若如是者外種種義性離有
无起諸見相世尊第一義諦亦復如是離諸
根量宗因譬喻世尊何故於種種義言起
分別第一義中不言起耶將无世尊所言乖
理一處言起一不言故世尊又說虛妄分別
隨有无見譬如幻事種種非實分別亦尒有
无相離云何而說隨二見耶此說豈不墮於
世見佛言大慧分別不生不滅何以故不
起有无分別相故所見外法皆无有故了
唯自心之所現故但以愚夫分別自心種種
諸法著種種相而作是說令知所見皆是

[illegible]
緣覺唯心故轉其意樂善明諸地入佛境界
捨五法自性諸分別見是故我說虛妄分別
執著種種自心所現諸境界生如實了知則
得解脫尒時世尊重說頌言
諸因及與緣　從此生世間　與四句相應　不知於我法
世非有无生　亦非俱不俱　云何諸愚夫　分別因緣起
非有亦非无　亦復非有无　如是觀世間　心轉證无我
一切法不生　以從緣生故　諸緣之所作　所作法非生
果不自生果　有二果失故　无有二果故　非有性可得
觀諸有為法　離能緣所緣　決定唯是心　故我說心量
量之自性處　緣法二俱離　究竟妙淨事　我說名心量
施設假名我　而實不可得　諸蘊蘊假名　亦皆无實事
有四種平等　相因及所生　无我為第四　修行者觀察

有四種平等　相因及所生　无我為第四　修行者觀察
離一切諸見　及能所分別　无得亦无生　我說是心量
非有亦非无　有无二俱離　如是心亦離　我說是心量
真如空實際　涅槃及法界　種種意成身　我說是心量
妄想習氣縛　種種從心生　衆生見為外　我說是心量
外所見非有　而心種種現　身資及所住　我說是心量
尒時大慧菩薩摩訶薩復白佛言世尊如來
說言如我所說汝及諸菩薩不應依語而取
其義世尊何故不應依語取義云何為語云
何為義佛言諦聽當為汝說大慧言唯佛言
大慧語者所謂分別習氣而為其因依於喉
舌脣齶齒輔而出種種音聲文字相對談說
是名為語云何為義菩薩摩訶薩住獨一靜

[illegible]

復次大慧菩薩摩訶薩善扵語義知語與義
不一不異義之與語亦復如是若義異語則
不應因語而顯扵義而因語見義如燈照色
大慧譬如有人持燈照物知此物如是在如
是處菩薩摩訶薩亦復如是因語言燈入
離言說自證境界復次大慧若有扵不生不
滅自性涅槃三乘一乘五法諸心自性等中如
言取義則墮建立及誹謗見以異扵彼起分
別故如見幻事計以為實是愚夫見非賢聖
也尒時世尊重說頌言
若隨言取義　建立扵諸法　以彼建立故　死隨地獄中
蘊中无有我　非蘊即是我　不如彼分別　亦復非无有
如愚所分別　一切皆有性　若如彼所見　皆應見真實

蘊中无有我　非蘊即是我　不如彼分別　亦復非无有
如愚所分別　一切皆有性　若如彼所見　皆應見真實
一切染淨法　悉皆无體性　不如彼所見　亦非无所有
復次大慧我當為汝說智識相汝及諸菩薩
摩訶薩若善了知智識之相則能疾得阿耨
多羅三藐三菩提大慧智有三種謂世間智
出世間智出世間上上智云何世間智謂一
切外道凡愚計有无法云何出世間智謂一
切二乘著自共相云何出世間上上智謂諸
佛菩薩觀一切法皆无有相不生不滅非有
非无證法无我入如來地大慧復有三種智
謂知自相共相智知生滅智知不生不滅智
復次大慧生滅是識不生滅是智隨相无相
及以有无種種相因是識離相无相及有

是智有積集相是識无積集相是智著境
界相是識不著境界相是智三和合相應生
是識无㝵相應自性相是智有得相是識无
得相是智證自聖智所行境界如水中月不
入不出故尒時世尊重說頌言
採集業為心　觀察法為智　慧能證无相　逮自在威光
境界縛為心　覺想生為智　无相及增勝　智慧於中起
心意及與識　離諸分別想　得无分別法　佛子非聲聞
寂滅殊勝忍　如來淨清智　生於善勝義　遠離諸所行
我有三種智　聖者能明照　分別於諸相　開示一切法
我智離諸相　超過於二乘　以諸聲聞等　執著諸法有
如來智无垢　了達唯心故
復次大慧諸外道有九種轉變見所謂形轉
變相轉變因轉變相應轉變見轉變生轉變

復次大慧諸外道有九種轉變見所謂形轉
變相轉變因轉變相應轉變見轉變生轉變
物轉變緣明了轉變所作明了轉變是爲九
一切外道因是見故起有无轉變論此中形
轉變者謂形別異見譬如以金作莊嚴具環
釧瓔珞種種不同形狀有殊金體无易一切
法變亦復如是諸餘外道種種計著皆非如
是亦非別異但分別故一切轉變如是應知譬
如乳酪酒果等熟外道言此皆有轉變而實
无有若有若无自心所見无外物故如此皆
是愚迷凡夫從自分別習氣而起實无一法
若生若滅如因幻夢所見諸色如石女兒說
有生死尒時世尊重說頌言
形處時轉變大種及諸根中有漸次生妄想非明智

諸佛不分別　緣起是世間　但諸緣世間　如乾闥婆城
爾時大慧菩薩摩訶薩復白佛言世尊唯願
如來為我解說於一切法深密義及解義相
令我及諸菩薩摩訶薩善知此法不隨如言
取義深密執著離文字語言虛妄分別普
入一切諸佛國土力通自在總持所印覺惠
善住十无盡願以无功用種種變現光明照
曜如日月摩尼地水火風住於諸地離分別
見知一切法如幻如夢入如來位普化眾生令
知諸法虛妄不實離有无品斷生滅執不著
言說令轉所依佛言諦聽當為汝說大慧
於一切法如言取義執著深密其數无量所謂
相執著緣執著有非有執著生非生執著滅
非滅執著

相執著緣執著有非有執著生非生執著滅
非滅執著乘非乘執著為无為執著地地
自相執著自分別現證執著外道宗有无品
執著三乘一乘執著大慧此等密執有无量
種皆是凡愚自分別執而密執著此諸分別
如蠶作蠒以妄想絲自纏纏他執著有无欲樂
堅密大慧此中實无密非密相以菩薩摩訶
薩見一切法住寂靜故无分別故若了諸法
唯心所見无有外物皆同无相隨順觀察於
若有若无分別密執悉見寂靜是故无有密
非密相大慧此中无縛亦无有解不了實者
見縛解耳何以故一切諸法若有若无求其
體性不可得故復次大慧愚癡凡夫有三種

密縛謂貪瞋癡及愛來生與貪喜俱以此
密縛令諸衆生續生五趣密縛若斷是則无
有密非密相復次大慧若有執著三和合計
諸識密縛次第而起有執著故則有密縛若
見三解脫離三和合識一切諸密皆悉不生
尒時世尊重說頌言
不實妄分別　是名爲密相　若能如實知　諸密網皆斷
凡愚不能了　隨言而取義　譬如蠶處繭　妄想自纏縛
尒時大慧菩薩摩訶薩復白佛言世尊如世
尊說由種種心分別諸法非諸法有自性此
但妄計耳世尊若但妄計无諸法者染淨諸
法將无悉壞佛言大慧如是如是如汝所說
一切凡愚分別諸法而諸法性非如是有此但
妄執无有性相然諸聖者以聖慧眼如實知

一切凡愚分別諸法而諸法性非如是有此但
妄執无有性相然諸聖者以聖慧眼如實知
見有諸法自性大慧白言若諸聖人以聖慧
眼見有諸法性非天眼肉眼不同凡愚之所
分別云何凡愚得離分別不能覺了諸聖法
故世尊彼非顛倒非不顛倒何以故不見聖
人所見法故聖見遠離有无相故聖亦不如
凡所分別如是得故非自所行境界相故彼
亦見有諸法性相如妄執性而顯現故不說
有因及无因故隨於諸法性相見故世尊其
餘境界既不同此如是則成无窮之失孰能
於法了知性相世尊諸法性相不因分別云
何而言以分別故而有諸法世尊分別相異
諸法相異因不相似云何諸法而由分別復

以何故所說分別不如是有而作是言為令
眾生捨分別故說如分別所見法相无如是
法世尊何故令諸眾生離有无見所執著
法而復執著聖智境界墮於有見何以故不
說寂靜空无之法而說聖智自性事故佛言
大慧我非不說寂靜空法墮於有見何以故
已說聖智自性事故我為眾生无始時來計
著於有於寂靜法以聖事說令其聞已不生
恐怖能如實證寂靜空法離惑亂相入唯識
理知其所見无有外法悟三脫門獲如實印
見法自性了聖境界遠離有无一切諸著復
次大慧菩薩摩訶薩不應成立一切諸法皆
悉不生何以故一切諸法本无有故及彼宗因
生相故復次大慧一切法不生此言自壞何

說无生何以故一切諸法本有故及彼宗因
生相故復次大慧一切法不生此言自壞何
以故彼宗有待而生故又彼宗即入一切法
中不生相亦不生故又彼宗諸分而成故又
彼宗有无法皆不生此宗即入一切法中有
无相亦不生故是故一切法不生此宗自
壞不應如是立諸分多過故展轉因異相
故如不生一切法空无自性亦如是大慧菩
薩摩訶薩應說一切法如幻如夢見不見
故一切皆是惑亂相故除爲愚夫而生恐怖
大慧凡夫愚癡墮有无見莫令於彼而生
驚恐遠離大乘尒時世尊重說偈言
无自性无說　无事无依處　凡愚妄分別　惡覺如死屍
一切皆不生　以道所成立　以彼所有生　非緣所成故

一切法不生　智者不分別　彼宗因生故　此覺則便壞
譬如目有瞖　妄想見毛輪　諸法亦如是　凡愚妄分別
三有唯假名　无有實法體　由此假施設　分別妄計度
假名諸事相　動亂於心識　佛子悉超過　於行无分別
无水取水相　斯由渴愛起　凡愚見法尒　諸聖則不然
聖人見清淨　生於三解脫　遠離於生滅　常行无相境
脩行无相境　亦復无有无　有无悉平等　是故生聖果
云何法有无　云何成平等　若心不了法　內外斯動亂
了已則平等　亂相尒時滅
尒時大慧菩薩摩訶薩復白佛言世尊如佛
所說若知境界但是假名都不可得則无所取
无所取故亦无能取能取所取二俱无故不
起分別說名為智世尊何故彼智不得於
境為不能了一切諸法自相共相一異義故

若有說言有無知也[illegible]故彼[illegible]不得於
境爲不能了一切諸法自相共相一異義故
言不得邪爲以諸法自相共相種種不同更
相隱蔽而不得邪爲山巖石壁叢憬帷障
之所覆隔而不得邪爲極遠極近老小盲冥
諸根不具而不得邪若不了諸法自相共相一
異義故言不得者此不名智應是无智以有
境界而不知故若以諸法自相共相種種不同
更相隱蔽而不得者此亦非智以知於境說
名爲智非不知故若山巖石壁叢憬帷障之
所覆障極遠極近老小盲冥而不知者彼
亦非智以有境界智不具足而不知故佛言
大慧此實是智非如汝說我之所說非隱覆
說我一切境界唯是[illegible]無不可得皆以了但是

自心所見外法有无智慧於中立覺无所
无得故尒焰不起入三脫門智體亦忘非如
一切覺想凡夫无始已來戲論熏習計著
外法若有若无種種形相如是而知名為不
知不了諸法唯心所見著我我所分別境智
不知外法是有是无其心住於斷見中故為
令捨離如是分別說一切法唯心建立尒時
世尊重說頌言
若有於所緣　智慧不觀見　彼无智非智　是名妄計者
无邊相互隱　障礙及遠近　智慧不能見　是名為邪智
老小諸根冥　而實有境界　不能生智慧　是名為邪智
復次大慧愚癡凡夫无始虛偽惡邪分別之
所幻惑不了如實及言說法計心外相著方
便說不能修習清淨真實離四句法大慧自

便説不能修習清淨真實離四句法大慧白
言如是如是誠如尊教願爲我説如實之法
及言説法令我及諸菩薩摩訶薩於此二法
而得善巧非外道二乘之所能入佛言諦聽
當爲汝説大慧三世如來有二種法謂言説
法及如實法言説法者謂隨衆生心爲説種
種諸方便教如實法者謂修行者於心所現
離諸分別不墮一異俱不俱品超度一切心
意意識於自覺聖智所行境界離諸因緣相
應見相一切外道聲聞緣覺墮二邊者所不
能知是名如實法此二種法汝及諸菩薩摩
訶薩當善修學爾時世尊復説頌言
我説二種法　言教及如實　教法示凡夫　實爲修行者

尒時大慧菩薩摩訶薩復白佛言世尊如來
一時說盧迦邪陁呪術詞論但能攝取世間財
利不得法利不應親近承事供養世尊何故
作如是說佛言大慧盧迦邪陁所有詞論但
飾文句誑惑凡愚隨順世間虛妄言說不如
於義不稱於理不能證入真實境界不能
覺了一切諸法恒墮二邊自失正道亦令他
失輪迴諸趣永不出離何以故不了諸法唯
心所見執著外境增分別故是故我說世論
文句因喻莊嚴但誑愚夫不能解脫生老病
死憂悲苦患大慧釋提桓因廣解衆論自
造諸論彼世論者有一弟子現作龍身詣釋
天宮而立論宗作是要言憍尸迦我共汝論汝
若不如我當破汝千輻之輪我若不如斷一

若不如我當破汝千輻之輪我若不如斷一
一頭以謝所屈說是語已即以論法摧伏帝
釋壞千輻輪還來人間大慧世間言論因喻
莊嚴乃至能現畜生之形以妙文詞迷惑諸
天及阿脩羅令其執著生滅等見而况於人
是故大慧不應親近承事供養以彼能作
生苦因故大慧世論唯說身覺境界大慧彼
世論有百千字句後末世中惡見乖離邪
衆朋黨分成多部各執自因大慧非餘外道
能立教法唯盧迦耶以百千句廣說無量差
别因相非如實理亦不自知是惑世法介時
大慧白言世尊若盧迦耶所造之論種種文
字因喻莊嚴執著自宗非如實法名外道者

世尊亦說世間之事謂種種文句言說廣
說十方一切國土天人等衆而來集會非是自
智所證之法世尊亦同外道說邪佛言大慧
我非世說亦无來去我說諸法不來不去大
慧來者集生去者壞滅不來不去此則名為
不生不滅大慧我之所說不同外道墮分別
中何以故外法有无无所著故了唯自心不見
二取不行相境不生分別入空无相无願之
門而解脫故大慧我憶有時於一處住有世
論婆羅門來至我所遽問我言瞿曇一切是
所作邪我時報言婆羅門一切所作是初世
論又問我言一切非所作邪我時報言一切
非所作是第二世論彼復問言一切常邪
一切无常邪一切生邪一切不生邪

説又問我言一切非所作邪我時報言一切
非所作是第二世論彼復問言一切常邪
一切无常邪一切生邪一切不生邪我時報
言是第六世論彼復問言一切一邪一切異
邪一切俱邪一切不俱邪一切皆由種種因
緣而受生邪我時報言是第十一世論彼復
問言一切有記邪一切无記邪有我邪无我
邪有此世邪无此世邪有他世邪无他世邪
有解脱邪无解脱邪是刹那邪非刹那邪虚
空涅槃及非擇滅是所作邪非所作邪有中
有邪无中有邪我時報言婆羅門如是皆是
汝之世論非我所説婆羅門我説因於无始
戲論諸惡習氣而生三有不了唯是自心所
見而取外法實无可得如外道説我及根境

三合知生我不如是我不說因不說无因唯
依妄心似能所取而說緣起非汝及餘取著
我者之所能測大慧虛空涅槃及非擇滅但
有三數本无體性何況而說作與非作大慧尒
時世論婆羅門復問我言无明愛業為因緣
故有三有邪為无因邪我言此二亦是世論
又問我言一切諸法皆入自相及共相邪我
時報言此亦世論婆羅門乃至少有心識
流動分別外境皆是世論大慧尒時彼婆羅
門復問我言頗有非是世論者不一切外道
所有詞論種種文句因喻莊嚴莫不皆從我法
中出我報言有非汝所許非世不許非不說
種種文句義理相應非不相應彼復問言豈

叫此我某言有非所論非世有論非有論
種種文句義理相應非不相應彼復問言豈
有世許非世論邪我答言有但非於汝及以
一切外道能知何以故於外法虛妄分別生
執著故若能了達有无等法一切皆是自心
所見不生分別不取外境於自處住自處住
者是不起義不起於何不起分別此是我
法非汝有世婆羅門略而言之隨何處中心
識往來死生求戀若受若見若觸若住取種
種相和合相續於愛於因而生計著皆汝世
論非是我法大慧世論婆羅門作如是問我
如是答不問於我自宗實法嘿然而去作是
念言沙門瞿曇无可尊重說一切法无生无
相无因无緣唯是自心分別所見若能了知

别不生大慧汝今亦復隨我是義何故親
近諸世論者唯得財利不得法利大慧白
言所言財法是何等義佛言善哉汝乃能
爲未來衆生思惟是義諦聽諦聽當爲汝
說大慧所言財者可觸可受可取可味令著外
境墮在二邊增長貪愛生老病死憂悲苦惱
我及諸佛說名財利親近世論之所獲得云何法
利謂了法是心見二无我不取於相无有分别
善知諸地離心意識一切諸佛所共灌頂具
足受行十无盡願於一切法悉得自在是名
法利以是不墮一切諸見戲論分别常斷二
邊大慧外道世論令諸癡人墮在二邊謂常
及斷受无因論則起常見以因壞滅則生

及斷受无因論則起常見以因壞滅則生
斷見我說不見生住滅者名得法利是名財
法二差別相汝及諸菩薩摩訶薩應勤觀
察尒時世尊重說頌言
調伏攝衆生　以威降諸惡　智慧滅諸見　解脫得增長
外道虛妄說　皆是世俗論　橫計作所作　不能自成立
唯我一自宗　不著於能所　為諸弟子說　令離於世論
能取所取法　唯心无所有　二種皆心現　斷常不可得
乃至心流轉　是則為世論　分別不起者　是人見自心
來者見事生　去者事不現　明了知來去　不起於分別
有常及无常　所作无所作　此世他世等　皆是世論法
尒時大慧菩薩摩訶薩復白佛言世尊佛說
涅槃說何等法以為涅槃而諸外道種種分別
佛言大慧如諸外道分別涅槃皆不隨順涅

異之相諦聽諦聽當為汝說大慧或有外
道言見法无常不貪境界蘊界處滅心心所
法不現在前不念過現未來境界如燈盡如
種敗如火滅諸取不起分別不生起涅槃相
大慧非以見壞名為涅槃或謂至方名得涅
槃境界想離猶如風止或謂不見能覺所覺
名為涅槃或謂不起分別常无常見名得
涅槃或有說言分別諸相發生於苦而不能
知自心所現以不知故怖畏於相以求无相
深生愛樂執為涅槃或謂覺知內外諸法自
相共相去來現在有性不壞作涅槃想或計
我人衆生壽命及一切法无有壞滅作涅槃想
復有外道无有智慧計有自性及以士夫求

復有外道无有智慧計有自性及以士夫求
那轉變作一切物以爲涅槃或有外道計福
非福盡或計不由智慧諸煩惱盡或計自
在是實作者以爲涅槃或謂衆生展轉相生
以此爲因更无異因彼无智故不能覺了以
不了故執爲涅槃或計證於諦道虛妄分別
以爲涅槃或計求那與求那者而共和合一
性異性俱及不俱執爲涅槃或計諸物從自
然生孔雀文彩棘針銛利生寶之處出種種
寶如此等事是誰能作即執自然以爲涅槃
或謂能解廿五諦即得涅槃或有說言能受
六分守護衆生斯得涅槃或有說言時生世
間時即涅槃或執有物以爲涅槃或計无物

以為涅槃或有言著有物无物為涅槃者或
計諸物與涅槃无別作涅槃想大慧復有
異彼外道所說以一切智大師子吼說能了達
唯心所現不取外境遠離四句住如實見不
墮二邊離能所取不入諸量不著真實住於
聖智所現證法悟二无我離二煩惱淨二種
障轉脩諸地入於佛地得如幻等諸大三昧永
超心意及以意識名得涅槃大慧彼諸外道
虛妄計度不如於理智者所棄皆墮二邊作
涅槃想於此无若住若出彼諸外道皆依
自宗而生妄覺違背於理无所成就唯令心
意馳散往來一切无有得涅槃者汝及諸菩
薩宜應遠離尒時世尊重說頌言

薩冝應遠離尒時世尊重説頌言
外道涅槃者 各各異分別 彼唯是妄想 无解脫方便
遠離諸方便 不至无縛處 妄生解脫想 而實无解脫
外道所成立 衆智各異取 彼悉无解脫 愚癡妄分別
一切癡外道 妄見作所作 悉著有无論 是故无解脫
凡愚樂分別 不生真實慧 言説三界本 真實滅苦因
譬如鏡中像 雖現而非實 習氣心鏡中 凡愚見有二
不了唯心現 故起二分別 若知但是心 分別則不生
心即是種種 遠離相所相 如愚所分別 雖見而无見
三有唯分別 外境悉无有 妄想種種見 凡愚不能覺
經經説分別 但是異名字 若離於語言 其義不可得
大乘入楞伽經卷第四

BD00277　大乘入楞伽經卷四

圖書在版編目（CIP）數據

中國國家圖書館藏敦煌文獻．第二〇册 / 中國國家圖書館編．—北京：國家圖書館出版社，2023. 12

ISBN 978-7-5013-7895-1

Ⅰ．①中… Ⅱ．①中… Ⅲ．①敦煌學—文獻 Ⅳ．① K870. 6

中國國家版本館 CIP 數據核字（2023）第 217349 號

書　　名	中國國家圖書館藏敦煌文獻·第二〇册
著　　者	中國國家圖書館　編
項目統籌	魏　崇　殷夢霞
責任編輯	黄　鑫　程魯潔　潘　竹　苗文葉
責任校對	劉　倩　王　衡

出版發行	國家圖書館出版社（北京市西城區文津街 7 號　100034） （原書目文獻出版社　北京圖書館出版社） 010-66114536　63802249　nlcpress@nlc.cn（郵購）
網　　址	http://www. nlcpress. com
排版印裝	天津裕同印刷有限公司
版次印次	2023 年 12 月第 1 版　2023 年 12 月第 1 次印刷

開　　本	787 × 1092　1/8
印　　張	43
書　　號	ISBN ISBN 978-7-5013-7895-1
定　　價	2800.00 圓